Paul Ch. Donders/Michaela Kast

Power Check

So finden Teens und Twens den richtigen Beruf

Über die Autoren

Paul Ch. Donders, Jahrgang 1957, Niederländer, ist Gründer von xpand e.V. und lebt mit seiner Familie seit einigen Jahren wieder in Holland. Von dort aus betreibt er die Geschäfte für die Benelux-Länder und auch für Gesamt-Europa. Er ist Architekt und liebt strukturierte Vorgehensweisen. So entwickelt er viele Seminar-Konzepte. Auch der „Künstler-in-Dir-Prozess" entstammt seiner Feder.

Michaela Kast, Jahrgang 1965, verheiratet mit Jürgen, lebt und arbeitet in Deutschland und Großbritannien. Gemeinsam mit ihrem Mann hält sie zahlreiche Seminare zu vielen verschiedenen Themen. Als „Young-Generation"-Leiterin verantwortet sie gemeinsam mit Daniel Just und Birgit Feinstein alle xpand-Angebote für junge Leute und entwickelt den Power Check u.a. auch für Schulen weiter.

Paul Ch. Donders • Michaela Kast

PowerCheck

So finden Teens und Twens den richtigen Beruf

GerthMedien

Dieses Buch erhebt keinen Anspruch auf Vollständigkeit. Für Fehler, Auslassungen usw. kann – auch wegen der schnellen Veränderung in Gesellschaft und Bildung, Wirtschaft und Technik – keine Haftung übernommen werden.

Best.-Nr. 816 002
ISBN 3-86591-002-5
4. Auflage 2006
Fotos: Christian Roth
Umschlaggestaltung: Sons media
Satz: Die Feder GmbH, Wetzlar
Druck und Verarbeitung: Schönbach-Druck
Printed in Germany

Inhalt

Einleitung: Entdeck dein Potenzial

Michaela Kast

„Ich suche seit sechs Jahren eine Lehrstelle . . .“

„Ich werde Astronautin! Warum soll ich es nicht probieren? Und wenn nur drei von hundert genommen werden, warum soll ich dann nicht eine von den dreien sein?“

„Beruf hat für mich etwas mit Berufung zu tun!“

„Ich werde Tischler. Danach kann ich immer noch Architektur oder Design studieren.“

„Ich arbeite am Fließband. Toll, dass ich den Job habe, denn ich will nicht von hier wegziehen. Ich hoffe nur, dass mein Studium nicht irgendwann nichts mehr wert ist . . .“

„Wer etwas drauf hat, flexibel ist und sich anstrengt, bekommt auch eine Stelle!“

Das sind alles O-Ton-Kommentare von Teens und Twens zum Thema „Job und Zukunft“. Kannst du dich mit einigen davon identifizieren?

> Bisher war keine Generation mit solchen drastischen Veränderungen auf dem Arbeitsmarkt konfrontiert wie die, der du angehörst! Oft sieht man nur die damit zusammenhängenden Probleme, aber es gibt Leute, die behaupten, dass es nie zuvor so viele chancenreiche Ausbildungs- und Berufsmöglichkeiten gegeben hat.

Das ist eindeutig positiv. Leider war es aber auch noch nie so schwierig, sich einen Überblick über diese fast unbegrenzten Möglichkeiten zu verschaffen. Um dir dabei zu helfen, haben wir dieses Buch geschrieben.

Vorsicht – das kann dein Leben auf den Kopf stellen! *Kann* . . . denn so einiges musst du schon selbst dazu beitragen: Du musst mit dem Buch arbeiten, mitdenken, Listen ausfullen und so weiter! Aber keine Angst, das ist nicht so schwierig und kann viel Spaß machen. Und du erfährst eine Menge über dich selbst, deine Fähigkeiten und deine Zukunft.

Der Schlüssel zu deiner Zukunft bist du selbst

Es war einmal . . . so fangen viele Märchen an. *Es war einmal ein junges Mädchen, das zog aus, um eine Lehrstelle zu finden. Auf ihrem Weg kam sie beim Arbeitsamt vorbei. Ein sehr netter Herr, der gern bereit war, ihr zu helfen, meinte freundlich: „Werde doch Fleischfachverkäuferin – da hätten wir noch eine Lehrstelle frei!"*

„Aber ich würde viel lieber Krankenschwester oder Erzieherin werden", sagte das Mädchen leise.

„Tja, da hast du leider keine Chance", meinte der Mann traurig, „das wollen viele . . ."

Da wurde auch das Mädchen sehr traurig und lief mit hängendem Kopf eine Straße entlang, die sie in eine ungewisse Zukunft führen würde . . .

Das ist leider keine schöne Geschichte und es sieht auch nicht so aus, als würde es ein Happyend geben. Die Story ist nicht erfunden, sondern die wahre Geschichte einer jungen Dame, die heute trotz anfänglicher Schwierigkeiten eine Ausbildung zur Krankenschwester macht und damit sehr glücklich ist.

Die Moral von der Geschichte: Lass dich nicht zu schnell von deinen Wünschen und Vorstellungen abbringen. Wenn 10.000 Leute Krankenschwester werden wollen und nur 1.000 genommen werden, warum solltest du dann nicht eine/r von diesen 1.000 sein?

„Die Arbeitsmarktforscher sind sich heute weitgehend darin einig, dass man zukünftigen Studenten (und Auszubildenden) guten Gewissens kaum noch eine Empfehlung für oder gegen ein bestimmtes Studienfach (eine bestimmte Ausbildung) geben kann", schreibt Michael G. Baldus zum Thema „Beruf, Berufung und Berufswahl" (in: „Leben um zu arbeiten – Arbeiten um zu leben?" von M. L. Landmesser, J. Sczepan (Hrsg.), Hänssler-Verlag, Neuhausen-Stuttgart, 1998).

Das liegt daran, dass die Lage auf dem Arbeitsmarkt drei bis vier Jahre nach einer solchen Empfehlung – also dann, wenn man mit seinem Studium oder seiner Ausbildung fertig ist – schon wieder ganz anders aussehen kann.

> Es wird schlicht und ergreifend immer schwieriger zu sagen, was in der Zukunft sein wird. Wenn wir uns also nicht auf solche Aussagen verlassen können, dann müssen wir woanders anfangen, zum Beispiel bei der Frage: „Welche Wünsche hast du?" und „Was machst du gern?"

Diese Fragen helfen weiter, das Berufsfeld zu finden, das dich nicht einfach nur „von der Straße wegholt“, sondern dir dauerhaft Spaß machen kann! Und in einem Beruf, in dem du deshalb gut bist, weil er deinen Neigungen, Fähigkeiten und Begabungen entspricht, wirst du auch viel eher einen Job finden als in einem, den du nur gelernt hast, weil die Marktchancen gerade günstig waren.

Es geht nicht um „entweder – oder“!

„Pass bloß auf, dass du dich nicht für das Falsche entscheidest, sonst verpfuschst du dir deine ganze Zukunft!“ Diese und ähnliche Aussagen kann man hier und da noch hören, sie stimmen aber heute weniger denn je. Heute sieht es auf dem Arbeitsmarkt eher danach aus, dass man mehr als einen Beruf erlernt und sich ständig weiterbilden und auch ab und an mal umorientieren muss. Aktuelle Zeitschriften schreiben da schon mal „Es lebe der Umweg!“ als Überschrift über einen Artikel zum Thema (Stern Start, 2/98, S. 24).

Die Zeiten sind tatsächlich vorbei, in denen man mit 16 Jahren eine Ausbildung begann, die es einem dann ermöglichte, ein ganzes Leben lang ein und denselben Beruf auszuüben.

Das ist aber noch längst nicht allen klar, denn bis vor einigen Jahren war es noch normal, dass sich das Leben im Wesentlichen in drei großen Blöcken vollzog. In den ersten Block wurden wir hineingeboren und der hieß: *Lernen*. Dann kam nach 20 bis 25 Jahren der nächste Block: *Arbeiten*. Der Umstieg war nicht leicht, weil die Arbeitswelt nur sehr wenig mit der Schule und dem Studium gemeinsam hatte. Nach weiteren 40 Jahren näherte sich dann der letzte Block: *Spielen*. Damit ist das Rentnerdasein gemeint. Hier durfte man dann auch nicht mehr arbeiten, selbst, wenn man wollte – man war sozusagen zum Spielen verurteilt! Auch hier hatten Menschen Probleme, weil die Veränderungen von einem auf den anderen Tag da waren und man sich ganz plötzlich damit abfinden musste.

Nach diesem Modell konnte man sich das Leben wie einen Zug mit drei Waggons vorstellen, zwischen denen man zu ganz bestimmten Zeiten wechseln musste und bei dem so manchem dieses „Umsteigen“ nicht immer auf Anhieb gelang.

Wenn diese Lebensweise veraltet ist, wie sieht dann die neue aus? Das ist recht einfach zu erklären: Die drei Bereiche verwischen sich mehr und mehr, verlaufen parallel zueinander und so werden die Übergänge zwischen den einzelnen Blöcken immer fließender.

Die Frauen unter uns sind das übrigens schon gewohnt. Wenn Kinder kommen oder die alten Eltern gepflegt werden müssen, dann ist es meist die Frau, die in ihrem Beruf „pausiert". In den letzten Jahren ist es dabei schon sehr deutlich geworden, dass man zum Beispiel nach 10 Jahren nicht mehr so einfach wieder einsteigen kann, wie das früher möglich gewesen ist. Da konnte eine Frau beispielsweise nach der Babypause wieder als Näherin arbeiten, wenn sie das vorher gelernt hatte. Vielleicht gab es ein paar Neuerungen an den Maschinen, aber die hatte man schnell „drauf". Heute ist man hoffnungslos hinterher, wenn man zehn Jahre nicht in seinem Beruf gearbeitet hat. Das liegt unter anderem an den immer schneller werdenden technischen Veränderungen (Computer, Internet etc.). Da hat man schon Mühe, immer auf dem neuesten Stand zu sein, wenn man ganz normal im Berufsleben steht. Ziemlich schwer, sich dann die Neuerungen aus zehn Jahren im Schnelldurchlauf aneignen zu wollen!

> **!** Realistische Schätzungen gehen davon aus, dass alle Arbeitsgänge, die theoretisch vom Computer übernommen werden können, zukünftig auch von Computern erledigt werden.

So fallen in Zukunft wahrscheinlich bestimmte Berufe ganz weg, werden eingeschränkt oder verändern sich. Das betrifft zum Beispiel Schreibkräfte, Buchhalter, Arzthelferinnen und Sekretärinnen. Schlauer ist es also, wenn man solche Berufe gar nicht erst erlernt – aber was macht man, wenn man eben schon einen solchen Beruf hat und es ihn in Zukunft nicht mehr geben wird? Genau: weiterbilden, umschulen oder doch noch studieren. Doch auch beim Studieren ist zu beachten, dass man nachher nicht so leicht einen Job bekommt, wenn man nicht aktiv war und zum Beispiel schon zwischendurch mit Praktika – am besten noch im Ausland – Erfahrungen gesammelt hat.

Selbst aktiv werden heißt die Devise. Früher war es möglich, beispielsweise eine Bäckerlehre zu absolvieren und dann ein Leben lang (möglichst noch im gleichen Betrieb) dabei zu bleiben. Heute ist das selten und in vielen Berufen schlichtweg nicht möglich. Das neue Modell sieht eher vor, dass wir selbst organisieren, wann und wie wir einsteigen, umsteigen, weiterlernen, aussteigen, neu anfangen, was ganz anderes ausprobieren, weiterlernen, wieder einsteigen, usw.

Das kann sehr viel Spaß machen. Es kann Abwechslung bedeuten, ohne dass man die grobe Richtung verliert oder aber auch alle paar Jahre einen völlig neuen Beruf – je nachdem, was man so an Qualifikation und Wissen braucht. In dem folgenden Schaubild laufen daher die drei Schwerpunkte – Lernen-Arbeiten-Spielen – parallel zueinander, denn es ist nicht mehr so deutlich vorgegeben, wann ein Wechsel stattfindet und in welchen Bereich.

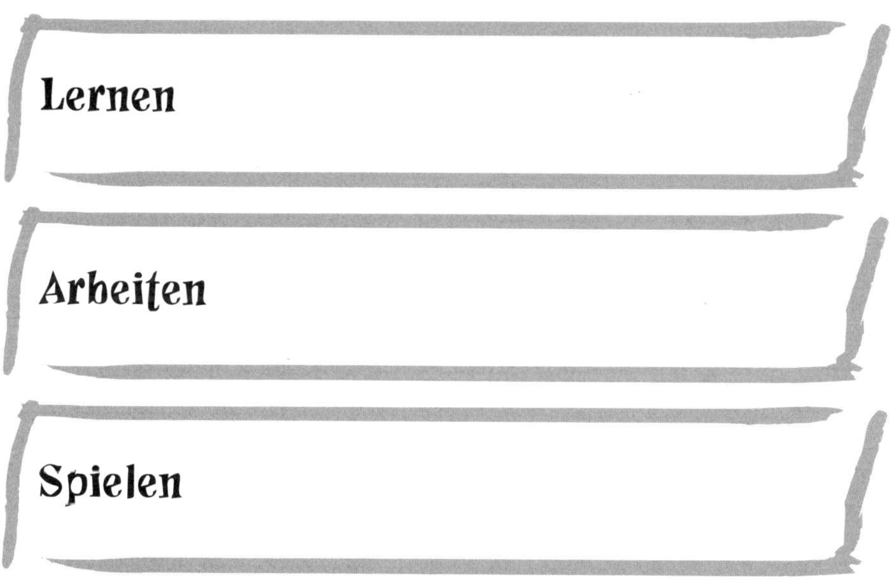

Daher ist Folgendes ganz wichtig: Halte immer die Augen offen für alle sich bietenden Gelegenheiten. Überprüfe, ob sie dich weiterbringen oder einfach momentan für ein geregeltes Einkommen sorgen, und bleib offen für Neues! Wieso nicht einfach ein Jahr auf die optimale Ausbildungsmöglichkeit warten, so lange jobben, es einfach später noch mal versuchen? Warum nicht mal für ein paar Monate ins Ausland gehen?

Wichtig ist, dass du dich auf diese „vermischte“ Art der Lebens- und

Arbeitsgestaltung einstellst, dann wirst du sehr schnell die Vorteile darin entdecken. Möglichkeiten gibt es viele. Wir wollen dir zeigen, wie und womit du deinen Zielen näher kommst – wenn's sein muss auch auf Umwegen!

Bring deine Power auf den Weg!

„Beruf hat für mich mit Berufung zu tun." Diese Aussage kann ich voll unterschreiben.

Aber es ist ein Unterschied, ob du 15, 25 oder 35 Jahre alt bist, denn jedes Alter hat sozusagen für sich noch eine eigene Berufung.

Das zumindest behauptet Romano Guardini (in: „Die Lebensalter", Mathias-Grunewald-Verlag, Mainz 1994), eine sehr beeindruckende Persönlichkeit. Als Professor für Weltanschauungsfragen in München lehrte er unter anderem über die „Lebensalter" und beschrieb, wie sich ein Mensch in verschiedenen Phasen entwickelt. Ein einfaches Beispiel: Die Kindheit lässt sich grob zwischen 0 und 12 Jahren einordnen. Dann kommt so langsam die Zeit, die wir vielleicht auch als „Krise" bezeichnen können: die Pubertät, die zwischen 12 und 15 Jahren losgeht. Darauf folgt die Zeit des jungen Erwachsenendaseins, die je nach Typ zwischen 16 bis 28 Jahren liegt. Dieser Altersgruppe wirst du angehören, nehme ich an.

Guardini beschreibt bestimmte Aufgaben, die für die jeweilige Phase besonders wichtig sind. Für die Kindheits-Zeit zwischen 0 und 12 Jahren liegt der Schwerpunkt deutlich auf dem Lernen und Spielen. Wenn wir zur Welt kommen, wissen wir noch nicht viel vom Leben. Wahnsinn, was wir alles erst noch entdecken müssen!

Und dann kommt die Zeit, in der wir keine Kinder mehr sind; mit der Pubertät entwickeln wir so langsam unsere eigenen Vorstellungen über das Leben im Allgemeinen und unser Leben im Besonderen. Die eigentlichen Auslöser für die ersten größeren Veränderungen in unserem Leben sind schlicht und ergreifend die Hormone. Wir reifen zu erwachsenen Menschen heran. Das ist meist keine angenehme Zeit, auch nicht für die Eltern oder Geschwister, aber sie ist eine sehr wichtige und notwendige Phase in unserer Entwicklung.

> Als Erwachsene sollen wir unsere eigenen Entscheidungen treffen können und auch für die Folgen geradestehen. Das beginnen wir zu verstehen, wenn wir uns auf der Schwelle zwischen Kindheit und Erwachsensein befinden.

Im Wesentlichen gibt es in dieser Phase drei Einstellungen zum Leben, zwischen denen wir uns meist unbewusst entscheiden:

1. Ich bin jetzt erwachsen – ich mache, was ich will!
2. Ich finde das alles blöd. Warum kann es nicht so bleiben, wie es ist?
3. Hallo, Zukunft: Hier bin ich!

Nummer drei scheint mir die beste Alternative zu sein. Die anderen beiden Möglichkeiten sind eher Extreme, die meist nicht viel weiterbringen. Niemand kann nämlich zum Beispiel wirklich tun und lassen, was er will. Das ginge wohl nur, wenn wir uns – jeder für sich – auf eine einsame Insel zurückziehen würden. Dann könnte sich niemand an dem stören, was ich gerade tue oder auch nicht tue. Sobald aber auch nur eine weitere Person dazukommt, ist es mit dieser Freiheit vorbei.

Da wir aber nicht auf einsamen Inseln leben, sondern in „Gemeinschaften" – sei es die Familie, die Schulklasse oder die Clique –, müssen wir uns ab und zu auch mal etwas sagen lassen. Das kann anstrengend und auch unangenehm sein, ich weiß. Aber das sollte kein Grund dafür sein, sich zu wünschen, dass einfach alles beim Alten bleiben soll.

Die Zukunft ist spannend! Du darfst und sollst sie für dich gestalten, Schritt für Schritt! Lerne, dein Leben so zu leben, dass es Spaß macht – nicht nur dir, sondern auch den Menschen, die in deiner Nähe sind!

Damit dir das etwas leichter gelingt und du deine „Power", also das Potenzial, das in dir steckt, von Anfang an gut auf den Weg bekommst, haben wir einen Prozess entwickelt, den wir in diesem Buch Schritt für Schritt durchgehen wollen. Er besteht aus fünf Fragen und wir haben ihn den „*Künstler-in-dir*"-Prozess getauft. Wir sind nämlich davon überzeugt, dass jeder Mensch sein Leben zur Verfügung gestellt bekommen hat, um etwas ganz Besonderes daraus zu machen. Was, das ist uns selbst überlassen.

Ein Künstler ist jemand, der mit dem ihm zur Verfügung stehenden Material (in deinem Fall also deine Neigungen, Fähigkeiten und Begabungen) etwas noch nie Dagewesenes schafft. Wir wollen dich herausfordern, das *Beste* aus deinem Leben zu machen! So wie ein Künstler zunächst einmal feststellen sollte, was für Material er zur Verfügung hat, wollen auch wir dir helfen, dir einen Überblick über dein Potenzial zu verschaffen, das im übertragenen Sinne das Material darstellt, mit dem du dein Leben gestalten kannst.

In diesem Zusammenhang möchte ich Francis Schaeffer zitieren, einen Kulturphilosophen, der zu diesem Thema Folgendes sagte:

„Es gibt kein größeres Kunstwerk als das Leben eines Christen. Du magst keine Gabe zum Schreiben, Malen oder Komponieren haben, aber jeder hat die Gabe der Kreativität bezüglich seines eigenen Lebens. In diesem Sinne sind wir dazu berufen, ein Künstler zu sein und unser Leben zu gestalten als etwas Wahrhaftiges und Schönes inmitten einer verlorenen Welt."

Herr Schaeffer spricht uns, Michaela Kast und Paul Donders, aus dem Herzen. Wir gehören beide zu *xpand,* einem Team, das Paul Donders mit einigen anderen Leuten 1988 gegründet hat. Durch Seminare, Beratung und verschiedene andere Produkte – Analyseinstrumente/Tests und Bücher – wollen wir Menschen helfen, Ziele für ihr persönliches Leben und/oder Organisationen zu entwickeln und diese dann natürlich auch zu erreichen. Im Lauf der Jahre hat sich bei der Lebensplanungs-Beratung ein Ablauf herauskristallisiert, mit dem wir und unsere Seminarteilnehmer tolle Erfahrungen gemacht haben. Wir nennen ihn den *„Künstler-in-dir"*-Prozess, weil er dir hilft, deine Talente und Stärken zu entdecken und zu fördern und so der oben genannten kreativen Aufgabe gerecht zu werden, aus deinem Leben ein einmaliges Kunstwerk zu machen.

Wie Francis Schaeffer sind auch wir überzeugt, dass bei der Gestaltung eines sinnvollen und erfüllenden Lebens – das wir uns wohl alle wünschen – mehrere Fragen eine große Rolle spielen. Einige dieser Fragen sind zum Beispiel „Wer bin ich?" und „Was will ich?". Diese Fragen haben wir in unseren *„Künstler-in-dir"*-Prozess eingebaut, wie du weiter auf der nächsten Seite sehen kannst.

1. Wo komme ich her?
2. Was steckt in mir drin?
3. Wo gehe ich hin?
4. Wie fange ich an?
5. Wer hilft mir dabei?

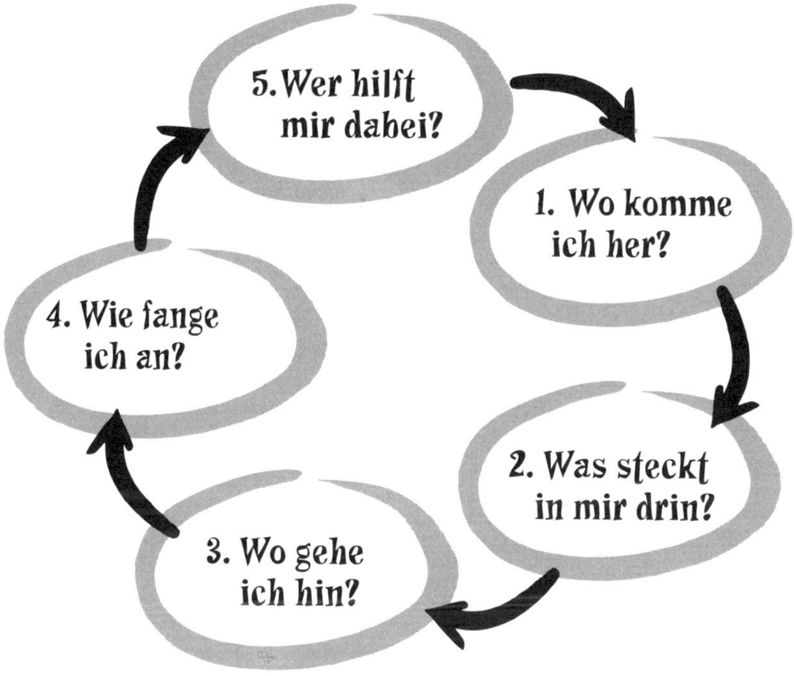

Paul Ch. Donders und ich werden dich abwechselnd durch diese Schritte hindurchführen. Deine Aufgabe wird es sein, mitzudenken und die gestellten Fragen und Aufgaben so gut und offen wie möglich zu bewältigen.

Wir wünschen dir unterwegs viel Spaß und neue Erkenntnisse über dich und deine Zukunft!

Kapitel 1: Wo komme ich her?

Michaela Kast

Wenn mich jemand fragt: „Na, wo kommst du denn her?", dann sage ich heute meist: „Aus Dortmund!"

Dass es in diesem Buch nicht allein um diese Dinge geht, hast du dir wahrscheinlich schon gedacht . . .

Die Antwort auf die Frage, wo ich herkomme, könnte ich streng genommen natürlich viel ausführlicher beantworten. Wo ich herkomme, hat im weiteren Sinne nämlich damit zu tun, wo ich geboren wurde, wer meine Eltern und Geschwister, meine Großeltern, meine Freunde etc. sind, wie ich aufgewachsen bin, was ich gelernt habe und vieles andere mehr.

Trotzdem bin ich mir sicher, dass die meisten Leute mit der einfachen Antwort „Aus Dortmund!" vollkommen zufrieden sind!

Wir sind es im Zusammenhang mit der Berufswahl aber nicht unbedingt, obwohl du dir diesen Teil auch gerne schenken kannst, wenn du das zu schwierig oder zu einfach oder nicht so interessant findest. Bevor du jedoch einfach weiterblätterst oder direkt in *deine* eigene Geschichte einsteigst, möchte Paul Ch. Donders noch kurz *seine* erzählen!

Paul Ch. Donders

Als gebürtiger Holländer habe ich ziemlich genau 22 Jahre in Deutschland gelebt. Als junger Mensch hätte ich mir das niemals träumen lassen. Das Gegenteil war sogar der Fall. Genau genommen hatte ich eine ziemlich negative Einstellung gegenüber allen Deutschen. Das lag unter anderem daran, dass mein Vater während des Zweiten Weltkrieges in einem Konzentrationslager schlimme Sachen erlebte und jeden Tag um sein Leben bangen musste. Das hat uns als Kinder natürlich auch sehr geprägt. Der Tatsache, dass ich dann später sogar nach Deutschland zog, musste daher eine einschneidende Veränderung vorausgehen. Grundsätzlich war mir natürlich klar, dass meine Haltung nicht okay war.

Wie die Veränderung zustande kam, ist nicht leicht zu erklären. Ich wusste, dass meine negative Haltung ein Problem ist, und das war der Anfang. Damals war ich 16 Jahre alt. Nach einer bewussten Entscheidung, dass sich da was ändern muss, geschah nicht sofort etwas, aber in den nächs-

ten Tagen und Wochen konnte ich spüren, wie sich etwas in mir veränderte. Das Beste daran war, dass ich nach und nach sogar richtig Lust bekam, nach Deutschland zu ziehen!
Ich hatte meine Entscheidung getroffen, ohne mich dabei auf einen bestimmten Zeitraum festzulegen. Interessanterweise hat es sich vor ein paar Jahren ergeben, dass wir wieder nach Holland zurückgekehrt sind. So lebe ich seit 1998 mit meiner Familie wieder auf holländischem Boden und manage *xpand Holland*. Die Zeit in Deutschland war und ist aber von ungeheurer Wichtigkeit für mich und das nicht nur, weil viele meiner besten Freunde Deutsche sind und ich als Trainer und Berater auch weiterhin Termine in Deutschland wahrnehme.

Warum erzähle ich diese Geschichte?

> Mir ist sehr deutlich bewusst geworden, dass die Qualität meiner Zukunft und Gegenwart ganz eng mit meiner Vergangenheit zusammenhängt. Ich finde es vor allem wegen dieser Erfahrung sehr wichtig, im Zusammenhang mit Zukunftsplänen auch immer einen Blick zurück zu werfen, um verschiedene Dinge besser zu verstehen und auch Einstellungen zu überprüfen.

Auch wenn du als junger Mensch nicht unbedingt auf eine sehr lange Geschichte zurückblicken kannst, steigen wir bei unserem *„Künstler-in-dir"*-Prozess mit der ersten Frage ein, die sich der Mensch seit Grundlegung der Welt stellt: „Wo komme ich her?"

Mithilfe der folgenden Zeichnung kann man sich das ungefähr so vorstellen:

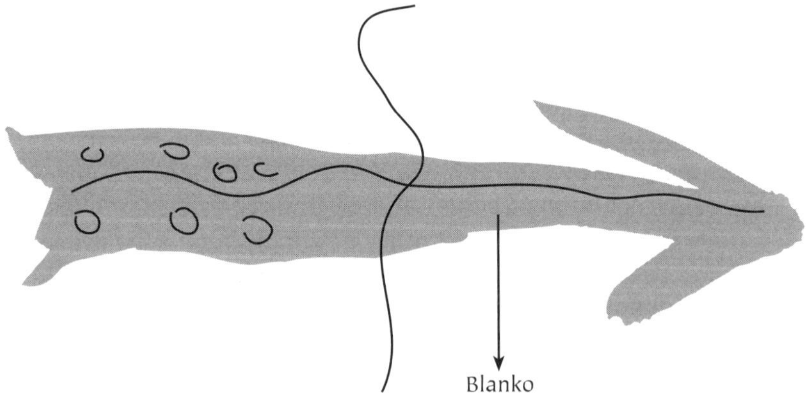

Unser Leben fängt irgendwo an und läuft in eine Richtung, die wir mehr oder weniger bewusst bestimmen. Hinter uns liegen bereits einige Erfahrungen, positive und negative, und vor uns liegen unendlich viele Möglichkeiten, Wünsche und Hoffnungen.

Wie eng die Zukunft mit der Vergangenheit zusammenhängt, sieht man sehr deutlich daran, dass ich mir selbst umso mehr zutraue, je positiver meine Erfahrungen waren. Habe ich viele Enttäuschungen erlebt, ist es sehr gut möglich, dass ich eher ängstlich und anderen Menschen und den vor mir liegenden Entscheidungen gegenüber misstrauisch werde.

Vor dir liegt ein Weg, den wir mit „Blanko" bezeichnen können, denn er ist noch völlig offen. Jeder Tag ist erst einmal leer und neu und will von uns gestaltet werden. Du kannst nun in deine Vergangenheit schauen und den dort verborgenen „Roten Faden" entdecken: die Richtung, die sich von Anfang an in deinem Leben abzeichnete. Das ist eine gute Voraussetzung, um diesen Roten Faden in die Zukunft hinein weiterzuspinnen.

Wir finden es sinnvoll, dabei ganz systematisch vorzugehen, wobei es dir natürlich frei steht, Workshops, die dir nicht zusagen, einfach zu überspringen. Die Bereiche, um die es gehen soll, sind:

1.1 Dein familiäres Erbe
1.2 Lebensbegleitende Impulse
1.3 Dein bisheriger Ausbildungsweg

1.1 Das familiäre Erbe

Paul Ch. Donders

Der Bereich, den wir schon erlebt und gelebt haben, ist eigentlich verschwindend klein im Vergleich zu dem, was vor uns innerhalb unserer Familie schon alles gewesen ist.

> Daher finden wir es wichtig, deinen familiären Hintergrund nicht zu übergehen, und wollen dir die Möglichkeit geben zu entdecken, was an positiven Dingen und auch an Begabungen vorhanden ist und somit auch in dir selbst wiederzufinden sein könnte.

Leider haben wir in unserer westlichen Gesellschaft den Bezug zu unserer familiären Vergangenheit häufig verloren. In anderen Kulturen lebt man ganz anders damit. Frag beispielsweise mal einen Türken oder Araber, was sein Großvater so gemacht hat. Es würde mich nicht wundern, wenn der eine ganze Menge darüber zu erzählen weiß. Wir, in der scheinbar so fortschrittlichen Welt, haben eine Einstellung entwickelt, die mehr oder weniger davon ausgeht, dass die gesamte Weltgeschichte mit meiner persönlichen Geburt beginnt. Das ist fast genauso unsinnig, wie das Rad immer wieder neu erfinden zu wollen!

Es gibt viele verschiedene Beispiele dafür, dass ganze Familien sozusagen eine gemeinsame Berufung haben. Ich hatte letztens das Vergnügen, ein sehr interessantes Buch über solch eine Familie zu lesen. Ich gebe zu, solche Geschichten sind eher selten, aber ich finde es faszinierend zu sehen, dass es so etwas überhaupt gibt. Dieses Buch heißt „Die Schriftrolle“ und die Familie, von der hier die Rede ist, war schon zu Beginn unserer Zeitrechnung, also vor etwa 2000 Jahren, durch eine bestimmte Begabung bekannt, die immer weitergegeben wurde: Sie schrieben die Geschichte ihres Volkes auf Papyrus-Rollen. Und diesen „Job“ hielten sie über die Jahrhunderte hinweg durch. Im Mittelalter lebte dann ein Nachfahre dieser Familie, der mit Johannes Gutenberg, dem Begründer der Buchdruckerkunst, zusammenarbeitete. Dieser Nachfahre verwandte sein gesamtes Leben darauf, die Zusammenhänge der Buchdruckerkunst zu verstehen. Sein ganzes Leben war darauf ausgerichtet, und mit seinem Wissen hat er seinem Sohn weitergeholfen, der wieder ein ganzes Leben darauf verwandte, die erste Buchdruckmaschine mit zu bauen, um dann am Ende seines Lebens wiederum seinem Sohn dieses Erbe mitzugeben. Dieser Sohn druckte dann irgendwo in Norditalien die erste Ausgabe des Buches Jesaja (Buch der Bibel im Alten Testament). Bis heute ist diese Familie eine Familie von Schreibern und Schriftstellern. Ist das nicht unglaublich und faszinierend?

> Nun ist es nicht immer so spektakulär, was wir über unsere Familien erfahren können und wer hat seinen Stammbaum schon bis in das Jahr Null zurückverfolgt?

Darum geht es ja auch gar nicht. Ich möchte dir lediglich Mut machen, den nächsten Workshop anzugehen und einige Recherchen einzuleiten, um einen neuen Blick für die Begabungen und die Prägung zu gewinnen, die deine Familiengeschichte für dich beinhalten könnte.

Mir ist klar, dass man bei diesem Thema auch auf so manches stoßen kann, das nicht erfreulich ist. Ich habe Menschen kennen gelernt, die gerade diese Aufgabe unmöglich bewältigen konnten, weil sie lieber gar nicht mehr an solche Dinge denken wollten. Das kann ich natürlich verstehen; du musst selbst ermessen, ob und wie weit du dich auf deine Familiengeschichte einlassen möchtest. Es soll hier auch gar nicht darum gehen, tief in verborgenen, schmerzlichen Geschichten zu wühlen. Uns interessieren positive Auswirkungen der Familiengeschichte auf dich und mögliche „vererbte“ Begabungen und Interessen. Das ist das eigentliche Thema des nächsten Abschnitts.

Anleitung:
Wir haben im Folgenden eine Übersicht dargestellt, in die du nun zwei verschiedene Aspekte aufschreiben kannst. In die obere Hälfte des jeweiligen Kästchens kommen all die Dinge, die dir zu den jeweiligen Familienangehörigen einfallen bzw. die du bei Eltern und Großeltern erfragen kannst. Es geht darum, was die genannten Familienangehörigen gut konnten oder können. Das nennt man Fähigkeiten. Persönlichkeitsmerkmale beschreiben, wie ein Mensch ist, und Fähigkeiten, was ein Mensch gut kann. Manchmal ist das aber auch nicht so ganz klar zu trennen.

Solltest du Schwierigkeiten haben, dann frag dich einfach, wofür die jeweilige Person bekannt war, welche Hobbys sie gehabt hat, welchen Beruf sie ausgeübt hat und welche Fähigkeiten man dafür braucht. In der unteren Hälfte sollst du jeweils die positiven Persönlichkeitsmerkmale dieses Menschen aufschreiben.

Dazu ein paar Hilfsfragen: War diese Person eher auffällig oder zurückhaltend? Schnell und spontan oder eher bedächtig? Risikofreudig oder eher vorsichtig? Teamorientiert oder eher ein Einzelgänger? Sehr korrekt oder eher ein Lebensgenießer? Dominant und autoritär oder harmoniesuchend? Redefreudig oder eher ein guter Zuhörer?

Du kannst auch gerne noch Tanten, Onkel und Geschwister in diese Familiengeschichte mit hineinnehmen, wenn du möchtest. Nimm dir ruhig Zeit, denn dies ist eine besondere Entdeckungsreise, die du kostenlos machen kannst und bei der du eine Menge entdecken wirst – auch über dein eigenes Potenzial.

Danach nimm einen Textmarker und lies noch mal alles durch. Alle Persönlichkeitsmerkmale und Fähigkeiten, die du wiedererkennst, weil du sie ebenfalls besitzt, solltest du markieren. Nachdem du den Workshop auf diese Weise ausgewertet hast, ist es sinnvoll, diese Ergebnisse im darauf folgenden Arbeitsblatt etwas geordneter einzutragen.

Großvater väterlicherseits	Großmutter väterlicherseits
Fähigkeiten	Fähigkeiten
Persönlichkeitsmerkmale	Persönlichkeitsmerkmale

Vater
Fähigkeiten
Persönlichkeitsmerkmale

Großvater mütterlicherseits	Großmutter mütterlicherseits
Fähigkeiten	Fähigkeiten
Persönlichkeitsmerkmale	Persönlichkeitsmerkmale

Mutter
Fähigkeiten
Persönlichkeitsmerkmale

Wiedererkannte Fähigkeiten

Wiedererkannte Persönlichkeitsmerkmale

1.2 Lebensbegleitende Impulse

Michaela Kast

Im zweiten Punkt der Vergangenheitsbetrachtung geht es darum, einfach mal all das zu sammeln und zu ordnen, was dich bisher in deinem Leben besonders angesprochen hat. Das können ganz unterschiedliche Dinge sein. Wir haben ja schon festgehalten, dass sich ein Blick zurück sehr lohnen kann, wenn man auf der Suche nach einer Richtung für die Zukunft ist.

> Je älter du bist, desto mehr wirst du hier an Impulsen aufschreiben können, aber je eher du anfängst, diese Dinge ernst zu nehmen und zu sammeln, desto klarer wird, was für dich wichtig ist.

Wo können solche Impulse für uns herkommen? Nun, vielleicht hast du mal ein Buch gelesen und da hat dich etwas ganz besonders beeindruckt, vielleicht, weil du auch gerne so leben würdest, wie in diesem Buch beschrieben wurde. Manchmal sprechen mich Lieder – also Musiktexte – ganz stark an und ich schreibe mir auf, was mich beim Hören bewegt. Es kann auch ein Film, eine Nachrichtenreportage oder die Not einer Freundin/eines Freundes sein. Vielleicht hast du aber auch einfach ein paar Träume. Echte Träume, also solche, die man hat, wenn man schläft, oder „Tagträume", die bestimmte Wünsche oder Bedürfnisse widerspiegeln.

Es kann auch eine Aussage von einem Lehrer gewesen sein oder von einem anderen Menschen, der dir imponiert und der dir etwas zu sagen hatte. Das kannst du unter dem Punkt „Vorbilder" aufschreiben.

All diese Dinge sind wichtig, werden aber oft vernachlässigt. Am einfachsten lassen sie sich festhalten, wenn du ein Tagebuch führst. Dann kannst du es jetzt zur Hilfe nehmen und dort nachlesen, was an dieser Stelle von Bedeutung ist. Du siehst hier eine einfache Tabelle, die dir helfen soll, deine Notizen zu systematisieren. Es geht im Wesentlichen um zwei Fragen:

1. Welche Aussage hat dich besonders angesprochen?
2. Was hat diese Aussage bei dir bewirkt? Was löst sie bei dir aus? Was wünschst du dir?

Damit dir das Ganze leichter fällt, hier ein Beispiel, wie man den Workshop ausfüllen könnte:

	Was hat dich angesprochen?	Was sagt dir das?
Bücher	„Vergäße ich Dein, Jerusalem" (Buch über die Erfahrungen einer jungen Frau, die in Israel unter sehr schwierigen und gefährlichen Umständen mit Kindern arbeitet)	Es kann unglaublich erfüllend sein, sein Leben für andere Menschen einzusetzen. Mut zahlt sich aus!
Musik/Liedtexte	„I climb this hill upon my knees if I have to" (Aus dem Song „Mountain Top" von der Band Bloodgood)	Nicht aufgeben! Wissen, was man will, und bereit sein zu kämpfen!
Filme/Reportagen	Der Mann ohne Gesicht	Freundschaft. Es ist gut, Ziele zu haben und man kann sie auch erreichen (unter Umständen mit der Hilfe anderer).
(Tag-)Träume		
Vorbilder	Mutter Teresa	Sie hatte den Mut, aus einem sicheren Leben auszusteigen, um anderen Menschen zu helfen.
Nöte von Menschen	Menschen mit Angst vor der Zukunft etc.	Angst soll mich nicht davon abhalten, Entscheidungen zu treffen, sondern soll mir helfen, vorsichtiger an eine Sache heranzugehen!
Sonstiges	Hier kannst du grundsätzlich alles reinschreiben, was du den anderen Kategorien nicht zuordnen kannst.	

Wie sieht das bei dir aus? Hier kommt eine frische Tabelle für dich. Dies soll ein erster Anfang sein. Wenn du es dir zur Gewohnheit machen willst, solche Impulse aufzuschreiben, ist eine Art Tagebuch sehr hilfreich.

	Was hat dich angesprochen?	Was sagt dir das?
Bücher		
Musik/Liedtexte		
Filme/Reportagen		
(Tag-)Träume		
Vorbilder		
Nöte von Menschen		
Sonstiges		

1.3 Dein bisheriger Ausbildungsweg

Michaela Kast

Wenn du schon mal eine Bewerbung geschrieben hast, ist es sehr wahrscheinlich, dass du deinen Ausbildungsweg bereits aufgeschrieben hast, und zwar als „tabellarischen Lebenslauf". Je mehr du in deinem Leben schon gemacht hast, desto mehr kannst du natürlich hier notieren.

Ich habe so eine Liste in meinem Computer. Ich ergänze sie jedes Mal, wenn sich wieder etwas in meinem Lebenslauf getan hat (Weiterbildung, neue Stelle usw.). Die Angaben kann ich dann bei Bedarf in meinem ebenfalls im Computer gespeicherten Lebenslauf ergänzen.

> Uns geht es hier um das, was dich bisher in deinem Leben besonders interessiert hat. Das nennt man „Motivation". Motivation ist etwas, was tief in dir verwurzelt ist und durch starke Interessengebiete deutlich wird.

Damit du mehr und mehr entdeckst, wer du bist und was in dir steckt, ist es zum Beispiel auch von Bedeutung, welche Lieblingsfächer du in der Grundschule hattest. Es lohnt sich sogar, mit der „Recherche" schon im Kindergartenalter anzufangen. Das ist für den Lebenslauf nicht wichtig, aber für dich selbst eine weitere Quelle, um etwas über dich selbst zu entdecken. Du kannst auch deine Eltern fragen, ob sie dir etwas dazu sagen können, denn vielleicht kannst du dich selbst nicht mehr so gut erinnern. Gab es Dinge, die du schon als Kleinkind besonders gern gemacht hast oder gut konntest? Irgendwelche herausstechenden Charaktereigenschaften, Abneigungen, Eigenheiten, Leidenschaften?

Wenn du auf diese Weise zurückblickst, dann kannst du vielleicht schon früh in deinem Leben einen schwachen „Roten Faden" entdecken. Dieser Rote Faden ist als der Anfang von dem zu verstehen, was sich wahrscheinlich auch in der Zukunft fortsetzen wird.

Zeitraum	Ausbildung	Was hat mich besonders interessiert?	Schulabschlüsse

Kapitel 2: Was steckt in mir drin?

Michaela Kast

„Search for the hero inside yourself until you find the key to your life“
Jenniver Rush

Das ist doch mal ein interessanter Text für ein Lied: „Suche nach dem Helden in dir, bis du den Schlüssel zu deinem Leben gefunden hast.“ Ich finde, das ist ein tolles Bild! Kannst du dir vorstellen, dass in dir ein Held, eine Heldin „schlummert“? Ich schon!

Wie kannst du ihn oder sie entdecken? Das ist die entscheidende Frage.

Zuallererst solltest du deine Erwartungen nicht zu hoch schrauben. So, wie du bist, das, was du bereits an dir und in dir entdeckt hast, ist zunächst gut genug. Jeder ist erst einmal ein Anfänger. Je jünger wir sind, desto weniger kennen wir uns selbst. Daraus ergibt sich einer der großen Vorteile des Älterwerdens: Wir lernen uns selbst immer besser kennen!

Die große Herausforderung besteht nun darin, in erster Linie auf die positiven Seiten deiner Person zu achten. Schließlich befinden wir uns mitten im „*Künstler-in-dir*“-Prozess. Wie wird man zum Künstler? Natürlich brauchst du entsprechende Begabungen. Aber glaube bitte nicht, dass ein Künstler schon von Anfang an als solcher zu erkennen ist. Ein Interesse, eine besondere Fähigkeit, ist die Basis. Dich damit zu beschäftigen und diese Talente weiter auszubauen, macht dich über verschiedene Stufen zum Künstler! Wie das funktioniert, wird uns nun Paul Donders erklären.

Paul Ch. Donders
Ich glaube, dass jeder von uns das Zeug zum Künstler hat – egal, welchen Beruf er oder sie ergreift! Künstler sein heißt, das Beste zu geben, ob nun als Krankenschwester oder als Bauingenieur.

Ich habe Pförtner gesehen, die ihre Aufgabe meisterhaft erfüllten, und dann wiederum scheinbar viel wichtigere Leute, die in ihren Positionen nicht mehr als Lehrlinge waren. Und genau das ist der Schlüssel.

In allem, was wir tun, sind wir zunächst Lehrlinge, auch dann, wenn wir bestimmte Dinge ohne viel Übung schon viel besser können als andere.

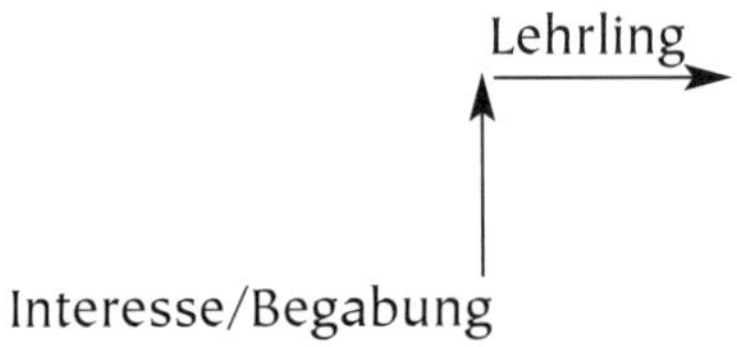

Ein Lehrling hat normalerweise zwei bis drei Jahre Zeit, bevor er beweisen muss, was er gelernt hat. Besteht er die Prüfung, darf er sich Geselle nennen und das ist dann schon ein großer Schritt vorwärts.

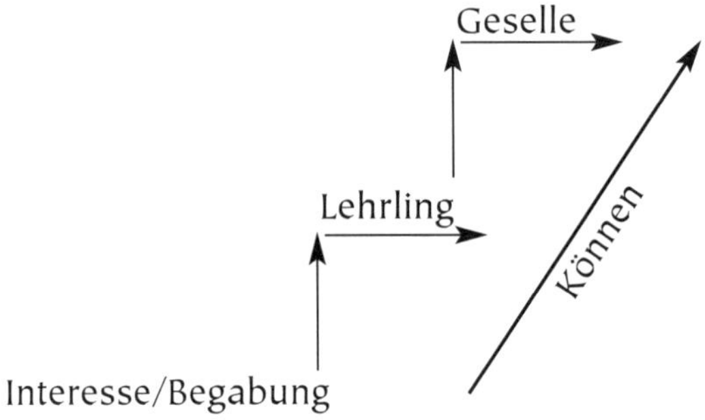

Ein Geselle arbeitet dann nochmals ein paar Jahre, bevor er überhaupt zu einer Meisterschule zugelassen wird. Die Meisterschule dauert dann auch wieder ein Jahr oder länger und endet mit der Meisterprüfung. Ist sie bestanden, darf man sich Meister nennen und das ist schon etwas Besonderes!

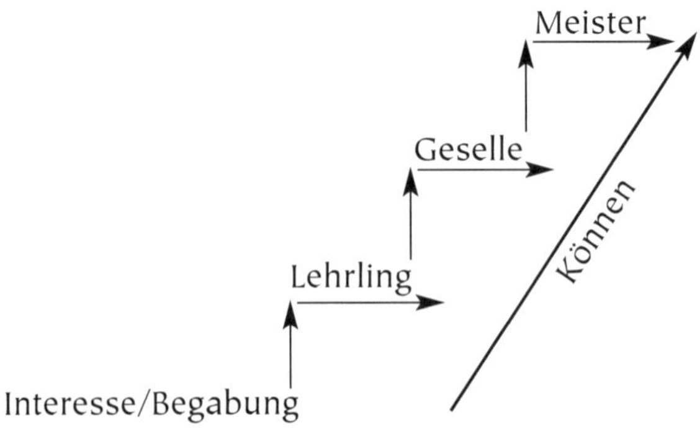

Was fehlt dann noch zum Künstler? Ein Künstler nimmt Material und kreiert daraus etwas Neues, etwas, das es bisher noch nicht gegeben hat. Und das geht über die Meisterschaft hinaus!

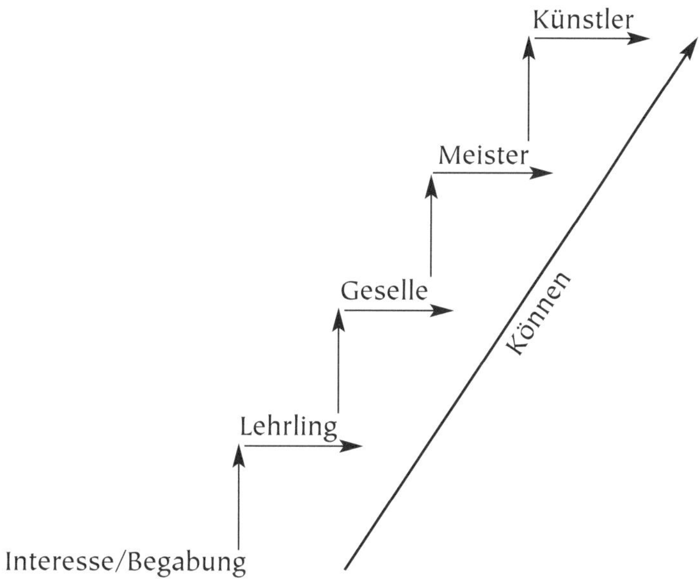

Und genau hier wird die Parallele zu unserem Leben ersichtlich: So jemanden wie dich oder mich hat es noch nie gegeben, und nach uns wird es auch niemanden geben, der genau das Leben führen wird, wie wir es getan haben. Das hängt mit verschiedenen Faktoren zusammen, aber vor allem damit, dass jeder von uns anders ist und jeder eine einzigartige Kombination von Interessen, Fähigkeiten, Stärken, Wünschen, Möglichkeiten usw. hat. Und genau das ist das Material, aus dem wir unser Leben gestalten.

Ich glaube, dass du zum „Lebenskünstler" werden kannst, wenn du bereit bist, dich an die Arbeit zu machen. Alle Begabung nutzt nichts, wenn du sie nicht gebrauchst. Und so wollen wir jetzt mit deinen Begabungen anfangen.

Als Nächstes haben wir vor, dich auf eine Entdeckungsreise ins eigene Ich einzuladen. Die Stationen sind folgende:

Wir Menschen haben
- Persönlichkeit
- natürliche Fähigkeiten
- eine bestimmte Intelligenzstruktur
- bestimmte Wertvorstellungen und -überzeugungen
- Wünsche
- einen Körper

und in jedem dieser Bereiche haben wir echte Stärken. Du wirst dich wundern, was alles in dir steckt!

2.1 Natürliche Motivationsfähigkeiten

Paul Ch. Donders

Beim Thema „familiäres Erbe" haben wir ja schon erwähnt, dass mit „Fähigkeiten" Dinge gemeint sind, die wir tun können; wie zum Beispiel Abwaschen, Aufräumen oder Putzen. Nun sind die genannten Tätigkeiten nicht sehr beliebt – jedenfalls bei den meisten Leuten.

> Wenn wir hier aber von Motivationsfähigkeiten reden, dann geht es um das, was dir so richtig Spaß macht, dich motiviert, dir also Energie und Freude bringt, während du damit beschäftigt bist.

Arthur Miller, einer der anerkanntesten Wissenschaftler in der Fähigkeitsanalyse, hat in den letzten 20 Jahren innerhalb dieses Bereichs mit Hilfe einer Untersuchung an über 3.000 Personen festgestellt, dass alle Beteiligten über 7 bis 10 „Grundfähigkeiten" verfügten. Nach weiteren Analysen stellte er fest, dass sie diese Grundfähigkeiten zumindest im Ansatz schon in ihrer Kindheit besaßen und sie lediglich während ihres Lebens weiterentwickelt hatten – oder eben auch nicht.

> Das lässt darauf schließen, dass jeder Mensch von Geburt an bestimmte Grundfähigkeiten besitzt. Was er daraus macht, ist ein anderes Thema. Aber es ist auf jeden Fall ein Schritt in die richtige Richtung, die Fähigkeiten weiterzuentwickeln, die dich so richtig begeistern.

Miller war es auch, der den Begriff der „Motivationsfähigkeiten" prägte, also Fähigkeiten, die dich motivieren und begeistern, wenn du sie auslebst. Eine meiner Grundfähigkeiten ist zum Beispiel das Entwickeln von Konzepten. Wenn ich mich drei Stunden hinsetze, die Tür verschließe und ein Konzept entwickeln kann, geht's mir richtig gut. Auch wenn vielleicht erst einmal wenig dabei herauskommt. Ich bin einfach motiviert, weil ich dieser Tätigkeit nachgehen kann, die mir Spaß macht. Das ist das Geschenk der natürlichen Motivationsfähigkeiten: Du bekommst durch ihre Ausübung neue Energie und Freude. Du kannst dir sicher vorstellen, dass du umso motivierter wirst, je mehr du diese belebenden Grundbegabungen im Beruf oder innerhalb der Familie, Gesellschaft oder Freizeit einsetzen kannst.

Es geht bei unserer Entdeckungsreise in deine Motivationsfähigkeiten nicht nur um eine Momentaufnahme des Heute, sondern wir wollen auch entdecken, was in der Vergangenheit schon da war. Beim familiären Erbe und beim Ausbildungsweg haben wir ja bereits nach deinen Fähigkeiten und Interessengebieten gefragt und das soll an dieser Stelle auch mit einfließen.

Im Folgenden findest du eine Auswahl von 44 wichtigen Grundfähigkeiten, die vier Bereiche umfassen:

- ✗ Umgang mit Menschen
- ✗ Umgang mit Information
- ✗ Umgang mit Material und Maschinen
- ✗ Bereich der Kreativität

Die Vorgehensweise:
Nimm dir die Übersicht in Ruhe vor und mach jeweils ein Kreuzchen bei den Fähigkeiten, bei denen du auf Anhieb weißt, dass sie dir Spaß machen. Ziel ist, auf 7 bis 10 Fähigkeiten zu kommen. Falls das beim ersten Durchlauf nicht gelungen ist, frag dich als Nächstes, was dir wahrscheinlich Spaß machen würde. Versuch nicht, das Ganze realistisch zu bewerten, sondern denk mehr in die Richtung: „Wenn ich könnte, wie ich wollte, dann würde ich . . ." (beispielsweise „. . . einen Düsenjäger fliegen").

Falls du danach mehr als 10 Fähigkeiten mit einem Kreuz versehen hast, solltest du eine Reihenfolge aufstellen und so entscheiden, welche unter die „Top Ten" gehören.

Der dritte Schritt ist die Fremdeinschätzung. Bitte einen guten Freund, deine Eltern oder einfach jemanden, der dich sehr gut kennt, dich auf der zweiten Liste in diesem Buch auf dieselbe Weise einzuschätzen. Vergleicht danach im vierten Schritt die beiden Ergebnisse und redet darüber, warum ihr was angekreuzt habt.

Menschen	Informationen
1. Anweisungen folgen	1. Verwalten
2. Bedienen	2. Rechnen, kalkulieren
3. Mitfühlen, mitleiden	3. Auf den Punkt bringen
4. Kommunizieren/Reden	4. Untersuchen, forschen
5. Überzeugen	5. Beurteilen, bewerten
6. Verhandeln, entscheiden	6. Organisieren
7. Gründen, aufbauen	7. Verbessern, anpassen
8. Behandeln	8. Logisch denken
9. Beraten	9. Planen, entwickeln
10. Lehren, unterrichten	10. Strukturieren, ordnen
11. Leiten	11. Konzepte entwickeln

Materialien	Kreativität
1. Bearbeiten	1. Vorführen, amüsieren
2. Mit Erde und Natur arbeiten	2. Musizieren
3. Maschinen und Geräte gebrauchen	3. Bildhauen
4. Umgang mit Computer	4. Tanzen
5. Präzisionsarbeit	5. Pantomime
6. Bauen	6. Schauspielen
7. Malen, anstreichen	7. Zeichnen
8. Reparieren	8. Entwerfen (Design)
9. Dekorieren	9. Schreiben
10. Umgang mit Elektronik	10. Kreativ denken
11. Kochen, backen	11. Fotografieren

Besonders beim Thema Berufswahl ist es enorm hilfreich festzustellen, was deine 7 bis 10 natürlichen Motivationsfähigkeiten sind. Wenn du einen Beruf wählst, in dem du mehrere dieser Grundfähigkeiten einsetzen kannst, bietet dir das die Chance, später etwas zu tun, das dich allein durch die Ausübung ständig motiviert. Gute Aussichten, oder?

Das Tolle an diesen Motivationsfähigkeiten ist, dass es sogar reicht, wenn du nur ca. 20 Prozent deiner Arbeitszeit mit ihrer Ausübung verbringst. Diese 20 Prozent motivieren dich für die restlichen 80 gleich mit. Daher kommt es gar nicht darauf an, einen Job zu finden, in dem dich alles zu 100 Prozent begeistert – falls es so einen Job überhaupt gibt.

Es gibt aber auch noch andere Dinge als nur den Beruf. Daher hier noch ein paar Gedanken zu deinen weiteren Lebensbereichen und was du dort mit deinen Fähigkeiten erreichen kannst.

Einsatzmöglichkeiten in der Familie:
Wenn man innerhalb der Familie zusammen arbeitet, zusammen lebt oder einfach auch mal etwas zusammen unternimmt, kann das durchaus Spaß machen. Auch hier kann es helfen zu wissen, was der eine und was der andere besonders gut oder auch nicht kann. So können wir uns gegenseitig viel besser ergänzen und als Team richtig Spaß an der Sache haben. Vielleicht kommt man plötzlich auf ganz neue Methoden der Arbeitsverteilung. Wenn der eine gern kocht und der andere das gerade absolut schwierig findet, wäre es sinnlos, einen starren Plan aufzustellen, wer wann kochen muss. Viel besser ist doch, wenn der Koch oft kocht und der Nicht Koch sich anderswo betätigt, zum Beispiel beim Bügeln. Es gibt nämlich tatsächlich Leute, die richtig gern bügeln.

Einsatzmöglichkeiten in der Freizeit:
Fähigkeiten, die du im zweiten Schritt bei der Frage: „Wenn ich könnte, wie ich wollte“ angekreuzt hast, sind vielleicht Anstöße für ein neues Hobby! Hobbys sind nicht nur dazu da, um sich zu entspannen, sondern sie dienen uns auch dazu, in bestimmten Bereichen noch etwas zu lernen, neue Energie zu tanken oder auch einfach Erfahrungen zu sammeln.

Einsatzmöglichkeiten in der Gesellschaft:
Den Menschen um dich herum die eigenen Begabungen zur Verfügung stellen ist eine weitere Möglichkeit, motiviert zu werden und gleichzeitig für andere da zu sein. Auch hier ist sehr wichtig, dass man nicht nur in den

Bereichen einsatzbereit ist, die einem riesigen Spaß machen. Auch in Jugendzentren und Kirchen müssen die Klos geputzt werden, und es gibt wohl niemanden, der das leidenschaftlich gern macht. Wenn sich aber in manchen Bereichen Begabung und Bedarf decken, dann ist das eine super Sache. Wenn du beispielsweise gern schreibst und in der Schülerzeitung mitwirkst oder Leserbriefe verfasst, dann gebrauchst du deine Fähigkeiten auf sinnvolle Weise.

2.2 Persönlichkeitsprofil

Paul Ch. Donders

Der Amerikaner William Marston hat in den 30er Jahren des letzten Jahrhunderts ein System entwickelt, um menschliches Verhalten besser beschreiben und verstehen zu können. Seine Untersuchungen ermöglichten ihm, innerhalb eines bestimmten Rasters menschliches Verhalten in vier Verhaltensstile einzuteilen. Die folgende Übersicht wurde mit Hilfe der zwei Hauptkriterien erstellt, die Marston benutzte, um menschliches Verhalten zu beschreiben.

Das erste Unterscheidungsmerkmal ist die Frage, ob ein Mensch eher aktiv, nach außen gerichtet und auf Abwechslung aus ist oder lieber feste Abläufe mag, zurückhaltend und vorsichtig ist (diese Achse verläuft von oben nach unten). Der zweite Aspekt ist die Frage, ob eine Person gern mit Menschen zu tun hat oder sich lieber mit Aufgaben und Dingen beschäftigt (diese Achse verläuft von links nach rechts). So entsteht das so genannte Vier-Quadranten-Modell nach Marston.

Im linken oberen Kästchen liegt der von Marston als „**dominant**" bezeichnete Persönlichkeitsstil. Dominante Persönlichkeiten lieben Abenteuer, Geschwindigkeit, Bewegung. Sie bringen Dinge und Menschen in Gang, wollen schnell Ergebnisse erzielen und schätzen die Möglichkeit, Entscheidungen treffen zu können.

Im rechten oberen Quadranten finden wir die **initiativen** Persönlichkeiten. Sie mögen ebenfalls Abwechslung und Geschwindigkeit, Abenteuer und Freiheit, was sie mit den dominanten Menschen verbindet. Anders dagegen ist ihre starke Menschenorientierung. Initiative Leute stehen gerne vor Publikum, reden gern, lieben es, möglichst viele Menschen um sich zu haben und sind insgesamt eher optimistisch gegenüber dem Leben, sich selbst und anderen eingestellt.

In dem rechten unteren Feld finden wir die **stetigen** Persönlichkeiten. Sie sind dabei, wenn es um Qualität, Beständigkeit, Regelmäßigkeit und strukturiertes Arbeiten geht, und zwar auch hier am liebsten im Zusammen-

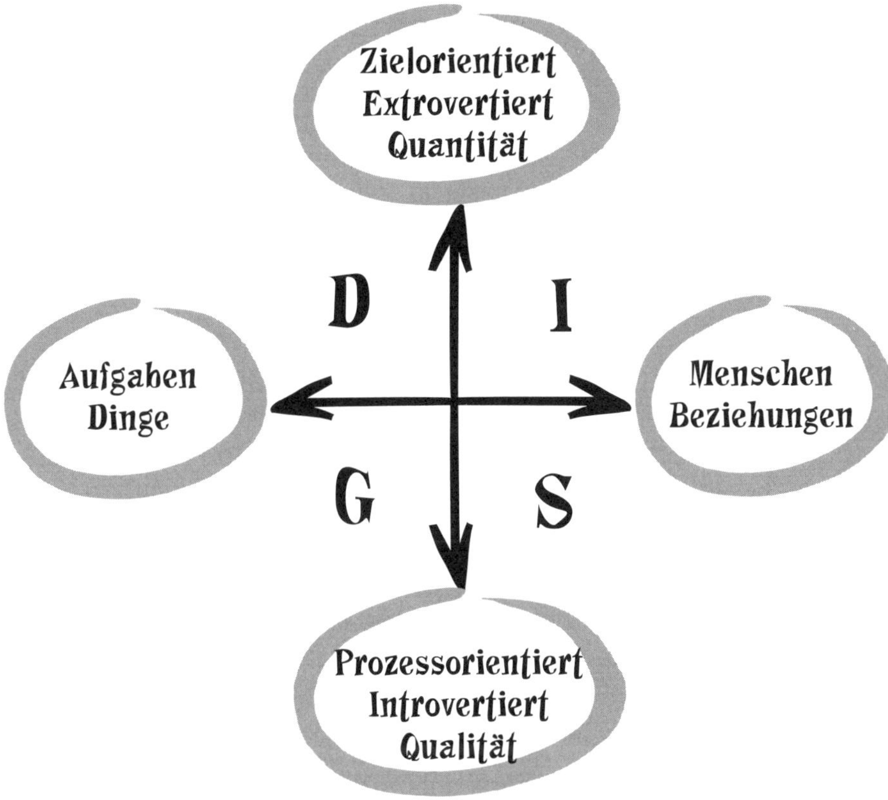

hang mit Menschen. Stetige Menschen sind bestrebt, eine harmonische Atmosphäre zu schaffen und positive, gute, tiefe Beziehungen aufzubauen. Stetige Personen stehen aber nicht gerne vor Publikum. Sie mögen es lieber, wenn sie innerhalb eines kleinen und gut eingespielten Teams arbeiten können. Stetige Typen haben eher wenige, dafür aber sehr tiefe und vertrauensvolle Beziehungen.

Im letzten Quadranten finden wir die **gewissenhaften** Typen, die, genau wie die stetigen Menschen, durch Qualität und Beständigkeit motiviert werden, dies aber in Verbindung mit höchster Genauigkeit und lieber im Rahmen von Aufgaben und Projekten als auf Menschen bezogen ausüben. Solche Menschen konzentrieren sich gerne auf wichtige Details, schätzen Pünktlichkeit und arbeiten im Gegensatz zu den Stetigen am liebsten allein und ungestört.

Nun kannst du dir sicher leicht vorstellen, dass niemand ein rein initiativer oder stetiger Typ ist, sondern eher verschiedene Anteile aus den beschrieben Stilen in sich erkennen kann. Trotzdem hilft es sehr, diese Einteilung einmal näher anzuschauen, um dein persönliches „Mischungsverhältnis“ zu entdecken. Wenn du möchtest, kannst du sogar mit Hilfe des

„D.I.S.G. (Dominant-Initiativ-Stetig-Gewissenhaft)-Persönlichkeitsprofils" genau herausfinden, welcher der Mischtypen dich am besten beschreibt. Wir selbst haben dieses Analyse-Instrument mit fast 2.000 Personen getestet und immer festgestellt, dass dieser Selbsteinschätzungstest ein ziemlich genaues Bild der eigenen Persönlichkeit wiedergibt. Bestimmt machst du gern Persönlichkeitstests in Zeitschriften mit. Dann ist das D.I.S.G.-Profil etwas für dich! Denn während man sich bei Zeitschriften-Tests oft die Frage stellt, was das nun eigentlich bringen sollte, ist das D.I.S.G.-Profil wissenschaftlich fundiert und sehr aussagefähig.

Jeder Mensch, also auch du, ist einzigartig gemacht. Das zeigt sich in den verschiedenen Lebensbereichen immer wieder ganz deutlich. Dabei sind es noch nicht einmal die einzelnen Eigenschaften, die jemanden ausmachen. Zum Beispiel gibt es viele Menschen, die gut reden können. Aber nur bei dir kommen noch Eigenschaften wie eine besondere Menschenfreundlichkeit, eine lebhafte Gestik und breite Kenntnisse in einem bestimmten Gebiet dazu. Es kommt auf die Kombination der verschiedenen Eigenschaften an! Genau das macht uns ja so einzigartig! Trotzdem gibt es in bestimmten Bereichen Ähnlichkeiten, die sich gut beschreiben lassen und helfen, sich selbst und andere besser zu verstehen.

Über den Bereich der Persönlichkeit haben wir ja beim Thema „Familiäres Erbe" auch schon gesprochen. Ebenso hast du im Ausbildungsweg motivierende Umstände festgehalten. Die Erkenntnisse daraus solltest du auch in der folgenden Aufgabe mit berücksichtigen.

Vorgehensweise:

1. Schau dir die beschriebenen Typen genau an. Mach wieder jeweils ein Kreuzchen an den Stellen, die dich deiner eigenen Einschätzung nach am besten beschreiben.
2. Danach sammle wieder aus der Menge der Kreuzchen die 7 am ehesten wiedererkannten Stärken, die 7 dich am besten treffenden Schwächen und die 7 dich am stärksten motivierenden Umstände. Es kann durchaus sein, dass du aus allen vier Typen einige Bereiche mitgenommen hast; normalerweise konzentriert sich der Hauptanteil aber auf zwei Typen.
3. Lass dich von jemandem, der dich sehr gut kennt, auf dieselbe Weise einschätzen.
4. Danach setzt ihr euch am besten wieder zusammen und tauscht euch über die Ergebnisse aus. Dadurch erfährst du noch mehr über dich selbst.

5. Es lohnt sich auf jeden Fall, das ausführliche Persönlichkeits-Profil-System von D.I.S.G. zu kaufen und den Test (dies hier ist ja nur der erste Versuch einer Selbsteinschätzung) zu machen. So wird der eigene Persönlichkeitsstil mit Stärken, Schwächen und idealen Umständen noch deutlicher definiert. Das ist natürlich auch eine Kostenfrage. Daher haben wir ja auch diese Form gewählt, um dir zumindest eine grobe Idee von diesem Thema zu geben.
6. Ebenfalls empfehlenswert ist das Buch „1x1 der Persönlichkeit", das es auch bei persolog (Adresse: persolog, Königsbacher Straße 21, 75196 Remchingen) zu bestellen gibt. Hier wird ausführlich beschrieben, wie man seine Erkenntnisse in den unterschiedlichen Lebensbereichen umsetzen kann.

Einsatzmöglichkeiten im Beruf:
1995 veröffentlichte die Kienbaum-Beratungsgruppe eine Studie, die die folgenden Schlüssel für den beruflichen Erfolg aufdeckte:

1. Erfolgreiche Teams bestehen aus unterschiedlichen Persönlichkeiten, die gelernt haben, ihre persönlichen Schwächen durch die Stärken der anderen Teammitglieder auszugleichen. Das heißt, dass sie ihre Stärken ergänzend nutzen, um zum optimalen Ergebnis zu kommen. Das geht natürlich nur, wenn man diese Stärken auch kennt und die eigenen Schwächen akzeptiert.
2. In solchen Teams werden Konflikte schnell, offen und fair geklärt. Intrige muss ein absolutes Fremdwort sein. Dies ist nur logisch, denn wo Neid und Intrige herrschen, wird die Kreativität getötet. Leider ist das aber nicht unbedingt selbstverständlich, denn unterschiedliche Persönlichkeiten geraten durch ihre verschiedenen Bedürfnisse normalerweise sehr schnell in Konflikt miteinander. Offensichtlich haben also diese erfolgreichen Teams gelernt, mit ihrer Unterschiedlichkeit umzugehen und darüber zu reden.

Dich selbst zu verstehen bedeutet, dich auch in deinem Beruf besser einbringen zu können und zu einem produktiveren Teil des Teams zu werden. Außerdem hilft das Wissen um die für dich idealen Umstände dir dabei, einen Beruf zu wählen, in dem du dich richtig entfalten und deine Stärken voll einbringen kannst. Ich selbst bin beispielsweise ein ziemlich initiativer Typ und brauche daher viel Abwechslung; ich arbeite gern mit Menschen zusammen, liebe Freiheit, Bewegung und auch Tempo. Ich lebe richtig auf, wenn ich Seminare halte oder während einer Beratung in eine ganz neue Situation hineinkomme. Im Gegensatz dazu finde ich es total langweilig, wenn ich im Büro ständig sehr akkurate Arbeit mit vielen Wiederholungen leisten muss – was aber genauso zu meinen Aufgaben gehört,

Dominant	❑ Stärken	❍ entscheidungsfreudig ❍ ergebnisorientiert ❍ bringt Dinge ins Rollen ❍ direktiv – sagt, wo es lang geht ❍ sucht Lösungen für Probleme ❍ übernimmt die Verantwortung
	❑ Ideale Umstände	❍ keine zu strenge Überwachung ❍ Entscheidungsfreiheit ❍ Herausforderungen ❍ Große Projekte ❍ Selbstständiges Arbeiten ❍ Aufstiegsmöglichkeiten
	❑ Schwächen	❍ ungeduldig ❍ schlechter Zuhörer ❍ fügt sich schlecht in Gruppen ein
Gewissenhaft	❑ Stärken	❍ sorgt für Ordnung ❍ kümmert sich um praktische Details ❍ geht überlegt vor ❍ hält sich an Regeln ❍ prüft auf Genauigkeit ❍ korrigierend ❍ will, dass Dinge richtig gemacht werden
	❑ Ideale Umstände	❍ Möglichkeit, Dingen auf den Grund zu gehen ❍ Bestätigung bzw. Versicherung, dass etwas so gemacht werden soll ❍ Gelegenheit zum Nachfragen ❍ Aufgaben, die Genauigkeit benötigen ❍ Ist gerne Expert/in ❍ Geschütztes Umfeld
	❑ Schwächen	❍ Nicht so kontaktfreudig ❍ „richtig“ statt „wichtig“ ❍ trifft nur langsam Entscheidungen

Initiativ

❑ Stärken

- ❍ knüpft Kontakte
- ❍ überredet und überzeugt andere
- ❍ ist fröhlich und zufrieden
- ❍ geht Dinge mit Humor an
- ❍ Akzeptiert verschiedene Meinungen
- ❍ interaktiv – will mit anderen zum Ziel kommen

❑ Ideale Umstände

- ❍ positive Unterstützung durch andere im Team
- ❍ Möglichst wenig Detailarbeit
- ❍ Flexible Bedingungen
- ❍ Gelegenheit zum Reden/Diskutieren
- ❍ Öffentliche Anerkennung
- ❍ Möglichkeit, Talente und Fähigkeiten zu zeigen

❑ Schwächen

- ❍ Unorganisiert und ungenau
- ❍ mag keinen Streit
- ❍ kann schlecht allein sein

Stetig

❑ Stärken

- ❍ Fügt sich gut in eine Gruppe ein
- ❍ bleibt ruhig und gefasst
- ❍ Aufmerksam für Details
- ❍ Ist geduldig
- ❍ zeigt Loyalität, lässt andere nicht im Stich
- ❍ unterstützend – ist für andere da

❑ Ideale Umstände

- ❍ genügend Zeit für gute Ergebnisse
- ❍ Arbeit in der Gruppe/ Zusammengehörigkeitsgefühl
- ❍ Anerkennung der eigenen Person
- ❍ Lob für erfolgreich abgeschlossene Arbeiten
- ❍ Möglichkeit, anhand guter Vorgaben zu planen
- ❍ Verstehen von Veränderungen/ warum etwas anders gemacht wird

❑ Schwächen

- ❍ kann schlecht „nein" sagen
- ❍ kann eigene Meinung schlecht äußern
- ❍ stellt eigene Wünsche schnell zurück

wenn auch zum Glück in geringerem Maß. Ich habe gelernt, wodurch ich motiviert werde, und andererseits weiß ich, dass ich im Büro auch mal über meinen Schatten springen und mich konzentrieren kann, auch wenn ich Dinge tun muss, die mich eigentlich nicht besonders begeistern.

Einsatzmöglichkeiten in der Familie:
Wenn ich weiß, was meine eigenen Stärken, Schwächen und idealen Umstände sind und wie die des anderen aussehen, ist das die Grundlage, auf der wir anfangen, wirklich miteinander zu kommunizieren. Eine Mutter sagte nach einem *Power Check*-Seminar (in dem es um „unser" Thema „Berufsfindung für Teenager und junge Erwachsene" geht), an dem ihr Sohn teilgenommen hatte: „Jetzt, wo ich weiß, dass mein Sohn ein dominanter Typ ist, wird mir so manches klar." Auf die Rückfrage, ob sie nun besser miteinander klarkämen, sagte sie: „Ich denke schon, denn ich kann ihn jetzt viel besser verstehen."

> Häufig entstehen in der Familie Missverständnisse, weil der eine die Bedürfnisse des anderen nicht versteht. Missverständnisse führen über längere Zeit zu Misstrauen. Misstrauen führt zu Ablehnung, Ablehnung zu Verachtung, und wenn Menschen sich gegenseitig verachten, dann stirbt die Beziehung allmählich ab.

Die andere Möglichkeit ist, dass man durch die Entwicklung von gegenseitigem Verständnis Vertrauen aufbaut. Vertrauen ist die Grundlage für gegenseitige Annahme. Annahme ist die Grundlage für Respekt. Respekt und Achtung sind die Basis für eine echte Beziehung. Der Weg vom Misstrauen zur Verachtung geht sich sehr leicht, fast automatisch, weil er uns Menschen näher liegt. Wir rutschen da einfach hinein. Die Folgen jedoch sind total negativ. Der Weg über Vertrauen, Verständnis hin zu Achtung und Respekt ist aber manchmal eher mühsam. Hier müssen wir uns schon einmal aufraffen und gemeinsam mit anderen daran arbeiten. Die „Früchte" sind aber auch umso wertvoller, denn nichts ist schöner, als sich mit einem Menschen wieder und nach jeder gelösten Auseinandersetzung auch besser zu verstehen.

Einsatzmöglichkeiten in der Freizeit:
Die Freizeit ist zum Entspannen da. Hier sollten wir uns mit Dingen beschäftigen, die uns Spaß machen und neue Kraft für den Alltag geben. Auch das ist persönlichkeitsbedingt. Ein initiativer Typ möchte in seiner Freizeit Partys besuchen, während ein gewissenhafter Typ lieber alleine sein will, um sich zu regenerieren. Wie und mit wem entspannst du am

besten? Das ist wichtig zu wissen, denn wenn du auf Dauer nicht entspannen kannst, dann wirst du das merken. Vielleicht wirst du sogar ungenießbar oder suchst diese Entspannung an den falschen Stellen.

2.3 Intelligenzstruktur

Paul Ch. Donders

Einem jungen Mann von 16 Jahren wurde nach einer eingehenden Untersuchung bescheinigt, dass er zumindest teilweise als geistig behindert einzuordnen war. Ein erschütterndes Ergebnis eines sehr geläufigen und häufig angewandten IQ-Tests. Nun kommt die Überraschung: Dieser junge Mann hieß Albert Einstein! Dass er imstande war, sich über ein solches Urteil hinwegzusetzen, lag daran, dass er das, was er an intelligenten Fähigkeiten besaß, auch einzusetzen wusste. Und so etwas kann man nicht unbedingt mit einem IQ-Test erfassen. Heutzutage gibt es immer neue Erkenntnisse darüber, wie unser Gehirn funktioniert. Wie kompliziert diese Vorgänge aussehen, zeigt folgendes Zitat (Brigitte Röthlien: „Unser Gehirn ist entschlüsselt", Hoffman & Campe): „Das Gehirn speichert mit 100 Milliarden Nervenzellen die Erinnerung eines ganzen Lebens. Mit kaum 3 % der Körpermasse verbraucht es 20 % der Energie. Diese 100 Milliarden Nervenzellen (mehr Zellen, als die Milchstraße Sterne fasst) sind durch eine Million Kilometer Nervenbahnen miteinander verbunden. Dadurch entsteht eine theoretische Zahl möglicher Kombinationen, die unvorstellbar groß ist: Eine Eins, hinter der 1,5 Millionen km Nullen stehen."

Dieses hochkomplexe Organ „Gehirn" zu nutzen lernen wir schon in der frühesten Kindheit. Und weil man das Gehirn ähnlich wie einen Muskel trainieren kann, wird es umso „fitter", je mehr wir damit arbeiten und je stärker wir auch gefördert werden.

Glücklicherweise entwickelt sich unser Gehirn aber nicht nur in der Kindheit weiter, sondern wir können jederzeit anfangen, es zu trainieren.

Das Stichwort heißt hier „Neuro-Fitness": Wer sein Denkorgan in Bewegung hält, den wird es auch selten enttäuschen. Bereits zehn Minuten tägliches Hirntraining reichen aus, um einen müden Geist wieder in Schwung zu bringen. Nicht nur das „Brain-Joggen" tut dem Gehirn gut, auch meine Umgebung ist mit dafür verantwortlich, ob mein Gehirn munter bleibt.

Dr. J. P. Guilford ist eine der anerkanntesten Autoritäten im Bereich der Hirnforschung. Er hat es sich zur Lebensaufgabe gemacht, die Rätsel unseres Gehirns mehr und mehr zu entschlüsseln. Er erläutert mit dem so genannten „Denk-Quader“-Modell seine Erkenntnisse über die unterschiedlichen Denkstrukturen, die letztlich unsere Intelligenz ausmachen. Er hatte die Nase voll von allgemeinen IQ-Tests, bei denen unterschiedliche Menschen und ihre unterschiedlichen Denkarten einfach über einen Kamm geschoren werden. Was sagt denn auch eine Zahl wie „ein IQ von 100“ über eine Person aus?

Was habe ich davon, wenn ich weiß, dass ich mit 140 IQ-Punkten überdurchschnittlich intelligent bin – außer, dass ich mir darauf vielleicht etwas einbilden kann? Viel wichtiger ist doch zu wissen, wie ich mein Denkvermögen trainieren kann, gerade wenn ich merke, dass ich vielleicht nicht so genial veranlagt bin.

Im Wesentlichen lassen sich nach Guilford drei Denk-Bereiche feststellen.

1. Die Denkoperationen

Damit sind alle Vorgänge in unserem Gehirn gemeint, die Informationen bearbeiten und speichern. Dazu gehören:

A) Erkenntnis als die Fähigkeit, bewusst zu beobachten, Informationen aufzunehmen und mit Hilfe des Gedächtnisses zu unterscheiden. Menschen, die hier eine Stärke haben, nehmen Informationen schnell auf und können sie auch entsprechend schnell verarbeiten. Gefördert wird diese Denkart hauptsächlich durch eine gesunde Neugier, also wenn man viele Fragen stellt und das Gehörte auch begreifen will.

B) Gedächtnis: Unser Gedächtnis lässt sich sehr gut mit der Speicherkapazität eines Computers vergleichen. Wichtig ist nicht nur, Wissen irgendwo im Gehirn abzulegen, sondern es auch schnell wiederfinden zu können. Diese Fähigkeit lässt sich am leichtesten trainieren. Versuch beispielsweise mal einzukaufen, ohne auf deinen Zettel zu schauen. Erst kurz vor der Kasse kannst du dann überprüfen, ob du auch alles hast. Oder lern die wichtigsten Telefonnummern auswendig. Das hält deine „grauen Zellen“ fit und hat den Vorteil, dass du kein Telefonregister mehr brauchst.

C) Bewertung: Dinge bewerten wir schon als Kinder, indem wir eigenständige Entscheidungen treffen und diese dann auch begründen lernen. Wer darin gut ist, unterscheidet schnell zwischen wichtig und unwichtig, trifft schnell und sicher Entscheidungen, mag Planen und Organisieren, denkt gern voraus und nutzt seine Zeit gut aus. Dies ist übrigens eine ganz wichtige Voraussetzung für Führungsaufgaben.

D) Konvergentes Denken: Wer darin gut ist, kann leicht und schnell Dinge auf den Punkt bringen und ist sehr leistungs- und ergebnisorientiert. Solche Personen sind sozusagen dafür prädestiniert, die Antwort auf offene Fragen zu finden. Sie können gut unterscheiden, was im Moment das Wichtigste ist und sind in der Lage, schnell und effektiv Probleme zu lösen.
E) Divergentes Denken: Die Fähigkeit ermöglicht es uns (im Gegensatz zum konvergenten Denken), von einem bestimmten Punkt auszugehen, um dann in viele verschiedene Richtungen weiterzudenken. Diese Denkweise bezeichnet man auch als Kreativität; es ist die Fähigkeit, Dinge mal anders anzugehen und Neues auszuprobieren. Warum sollte beispielsweise ein Backstein nur zum Häuserbauen gut sein? Man kann ihn auch als Briefbeschwerer benutzen, Regale daraus bauen oder ihn theoretisch auch durch ein Fenster werfen. Divergente Denker haben eine große Ideenvielfalt, sind erfinderisch und gehen gerne außergewöhnliche Wege. Diese Fähigkeit wird gestärkt, indem man verschiedene Menschen zu unterschiedlichsten Themen befragt, sich auch mal auf ganz fremde Ideen einlässt oder versucht, Dinge aus einem ganz neuen Blickwinkel zu betrachten.

2. Die Lern- und Denkinhalte:
Informationen gibt es in ganz unterschiedlichen Formen. Sie stellen sich in Bildern, in Symbolen oder in Worten dar. Je nachdem, welche Art der Information du bevorzugst, bist du stark oder weniger stark begabt in den folgenden drei Denkarten:
A) Der bildliche Lernstil: Der bildliche Typ braucht eine beständige Verbindung zwischen Theorie und Praxis. Für ihn ist eine gute Lernatmosphäre wichtig und er arbeitet gern mit Formen und Farben. Für ihn ist es meist hilfreich, wenn er sich beim Lernen bewegen kann.
B) Der symbolische Lernstil: Symbole sind Zeichen, die für bestimmte Inhalte stehen. Der symbolische Lerner braucht ein methodisches Vorgehen, wobei die richtige Reihenfolge der Information ganz entscheidend für ihn ist. Er lernt am besten, wenn er zuerst Schritt 1, dann 2 und danach 3 gehen kann. Er kann gut mit abstrakten Informationen wie zum Beispiel Zahlen, Formeln und Musiksystemen umgehen.
C) Der semantische Lernstil: Der semantische Lerner liebt Sprache und Wörter und kann sich sehr gut ausdrücken. Er braucht beim Lernen stets die Übersicht; bei einem Buch schaut er zum Beispiel zuerst auf das Inhaltsverzeichnis oder den Klappentext. Er braucht ein logisches Konzept und eine gute Gliederung, um einen Einstieg zu finden und jederzeit zu wissen, wo er sich gerade befindet.

3. Die Denkergebnisse:
Hier gibt es sechs verschiedene Arten, wie Informationen in unserem Gehirn ver- und bearbeitet werden.

A) Details: Menschen, die detailorientiert sind, entdecken auch kleine Fehler sehr schnell, sehen genau auf die einzelnen Bestandteile einer Information und reagieren darauf.
B) Kategorien: In dieser Denkart werden gleichartige Informationen gruppiert. Jemand, der hier begabt ist, kann sich klar und deutlich ausdrücken, ist fähig, Konzepte zu entwickeln und hat eine innere Ordnung, die manchmal auch äußerlich sichtbar wird.
C) Zusammenhänge: Dies ist die Denkart, die uns befähigt, zwei Aspekte miteinander zu verbinden und die Querverbindungen zu sehen. Sie befähigt uns, Ursache und Wirkung voneinander zu unterscheiden.
D) Systeme: Wer hier seine Stärken hat, ist in der Lage, einen Gesamtprozess zu überblicken und zu verstehen. Es ist eine recht komplexe Denkart. Ein solcher Prozess ist zum Beispiel auch die Art, wie unser Körper funktioniert. Jedes einzelne Organ an sich stellt schon ein sehr kompliziertes System dar. Manchmal sind es schon Kleinigkeiten, die da etwas durcheinander bringen. Um die Ursache zu finden, muss man den gesamten Ablauf nachvollziehen können. Diese Form des Denkens wird aber nicht nur in der Medizin, sondern auch im Alltag gebraucht. Sie ist die Grundlage, um organisieren und Gruppen überschauen zu können. Man sieht fehlende Teile und bringt die Dinge in eine Gesamtperspektive.
E) Transformation: Das Wort bedeutet „Übertragung". Wer hier eine Begabung hat, kann Dinge oder Umstände leicht aus einer anderen Perspektive betrachten und sieht sehr schnell auch die Vorteile dieser anderen Sichtweise. Er ist experimentierfreudig und offen für Veränderung.
F) Implikationen: Dies ist die komplizierteste Fähigkeit und ermöglicht uns, schöpferisch in noch unbekannte Bereiche hinein zu denken. Menschen, die hier eine Stärke haben, sind immer einen Schritt weiter als andere und können sehr leicht die Konsequenzen bestimmter Entscheidungen voraussehen.

Mit Hilfe dieser Übersicht hast du vielleicht schon einiges über dich selbst erfahren können. Um ganz genau zu entdecken, in welchen Bereichen du gut bist und was du damit anfangen kannst, bieten wir von *xpand* die Möglichkeit an, einen 4-stündigen Test zu durchlaufen, in dem wir gemeinsam all diese Denkarten überprüfen und dein Potenzial herausarbeiten. Du erfährst nicht einfach, wie hoch dein IQ ist, sondern jede Denkart wird einzeln beleuchtet und bewertet. Dann schauen wir uns an, für welche Berufe dich deine ganz besondere Kombination besonders prädestiniert, für welche Bereiche du gut geeignet bist oder was du zum Beispiel noch trainieren solltest, wenn du dich für eine bestimmte Richtung entscheidest.

Wichtig ist zu erkennen, dass Denken und Denktraining gewissermaßen eine heilige Aufgabe ist, denn dein Verstand ist dazu gedacht, dass du ihn benutzt. Denk dran, dass das Gehirn mit einem Muskel zu vergleichen ist, der verkümmert, wenn wir ihn nicht benutzen und trainieren.

Um das ganz praktisch zu machen, kommen hier ein paar Tipps, um deine grauen Zellen in Schwung zu bringen:

✗ Brain-Jogging:
So, wie man beim Lauftraining (Joggen) die eigene Kondition und Fitness auf Trab bringt, soll beim Brain-Joggen dein Gehirn in Bewegung gebracht werden. Dazu gehört zum Beispiel Gedächtnistraining und eine intensivere Auseinandersetzung mit dem, was dir so im Alltag begegnet. Jeden Tag werden wir mit so viel Information überflutet, dass wir uns schon gar nicht mehr näher mit alledem beschäftigen können. Wir nehmen die Informationen nur noch auf, bewerten sie aber nicht mehr; wir stehen den Dingen eher neutral gegenüber, als dass wir wirklich eine Meinung dazu hätten. Das kann man auch gar nicht in allen Bereichen erwarten.

Ich möchte dich herausfordern, etwas kritischer an all die scheinbaren Wahrheiten um dich herum heranzugehen. Nehmen wir einfach mal die Werbung. Da wird uns meist eine heile und perfekte Welt vorgestellt, die wir durch diese Zahncreme oder jenes Parfum erreichen können. Im Grunde geht es dabei natürlich nicht mehr um das Produkt, sondern um ein Lebensgefühl, das man toll findet und das man ausdrücken will, indem man beispielsweise „CK One" auflegt. Kritisch zu sein bedeutet, einfach erst einmal ganz sachlich festzustellen, dass mich weder die Nike-Treter noch die Levis-Jeans zu einem besseren Menschen machen oder mein Leben auf Anhieb total verwandeln. Lass dich nicht für dumm verkaufen!

Wenn dich das Thema Gedächtnistraining noch weiter interessiert: Im Zeitschriftenhandel gibt es zum Beispiel den „Braintrainer", ein Heft von PM, in dem jede Menge Denksportaufgaben drinstehen.

✗ Kreativitäts-Training:
Wenn beim Thema Denken schon heute und erst recht für die Zukunft

etwas wichtig ist, dann das kreative oder divergente Denken. Hier entstehen die so genannten Innovationen (Neuerungen), die genialen Ideen, die noch keiner hatte. Hier kann man auch das Improvisationstalent entfalten. Das kann bedeuten, dass man zum Beispiel in Ermangelung eines Hammers eben ein anderes Instrument findet, mit dem man einen Nagel in die Wand bekommt. Tja, was könnte man da wohl nehmen, ohne sich selbst und andere zu gefährden? Denk mal drüber nach!

Auch kreativ zu sein kann man trainieren. Es gibt ein tolles Buch zu dem Thema; es heißt „Der kreative Kick" und wurde von Roger von Oech geschrieben (Jungfermann Verlag, Paderborn). Er beschreibt darin unter anderem die vier Rollen, die man beim Kreativsein einnimmt:

✗ Forscher
✗ Künstler
✗ Richter
✗ Kämpfer

Der **Forscher** sucht erst einmal nach Material oder Informationen. Was will ich und was weiß ich darüber?

Der **Künstler** fängt dann an, mit diesem Material zu gestalten, macht einfach etwas daraus. Absolut wichtig ist, dass man nicht hier schon anfängt zu bewerten, denn die Rolle des Richters kommt erst nach der des Künstlers!

Der **Richter** begutachtet sein Werk und entscheidet dann, ob es brauchbar ist. Wenn diese Frage mit „Ja" beantwortet werden kann, dann kommt die nächste wichtige Rolle.

Dann wird der Kreative zum **Kämpfer** für seine neue Idee oder seine neue Skulptur.

Also, mach dich auf, kreativ zu sein oder zu werden. Such dir ein Hobby, bei dem du das üben kannst, allein oder mit anderen. Kreativ sein bedeutet aber auch, mal den gewohnten Rahmen zu verlassen, zum Beispiel in ein Museum zu gehen, wenn du das normalerweise nicht tust, eine Zeitschrift zu lesen, die man sich normalerweise einfach nicht anschauen würde oder einfach ein paar Stunden in einem Altenheim, in einem Kindergarten oder auf dem Uni-Campus zu verbringen. Das fällt alles unter das Thema „Horizonterweiterung". Schau dir die Leute an, beobachte, was sie tun und wie und überleg, was du daraus lernen kannst.

2.4 Das Werte-Profil

Michaela Kast

Wenn wir auf der Suche nach unseren Fähigkeiten fragen, „was" wir gut können, und bei der Persönlichkeit, „wie" wir Dinge tun, so lassen sich unsere Werte am besten über die Frage nach dem „Warum?" entdecken. Warum leben wir? Warum halte ich durch, wenn ich Widerstand erfahre? Warum bin ich bereit, mein Leben in eine Sache zu investieren? Diese Frage ist aber irgendwie viel schwieriger zu beantworten als die anderen zwei genannten, oder? Weil dich deine Werte aber sehr stark prägen und als eine Art Grundmotivation zu verstehen sind, wollen wir trotzdem versuchen, dir zu ersten Antworten zu verhelfen.

Ich will an dieser Stelle keine Werbung für eine bestimmte Musikrichtung oder Gruppe machen, aber ich möchte kurz auf ein Lied eingehen, das „Ganz egal" heißt. Der Refrain geht wie folgt:

„Ganz egal, was du tust
und ganz egal, wo du anfängst,
lass sie einfach labern,
lass sie denken, was sie woll'n,
denn es zählt nur, dass du weißt,
worauf es dir ankommt
und was dein Gewissen erträgt."
(Pur, „Abenteuerland")

Mit dem „sie" in „lass sie einfach labern" sind generell Menschen gemeint, die versuchen, dich unter Druck zu setzen, indem sie dir erzählen wollen, dass du einfach nicht cool genug oder out bist, wenn du dies oder das nicht hast oder tust.

Die Band „Pur" ist anscheinend davon überzeugt, dass derjenige wahrhaft cool ist, der weiß, was er will.

Gebrauch deinen Verstand (siehe vorheriges Kapitel) und überleg, was du wirklich willst, was du gut findest und was nicht – und dann steh auch dazu! Das ist cool, weil es nämlich Mut braucht, sich auch mal gegen eine gängige Meinung zu stellen.

Was ist dir wichtig?
Worauf kommt es dir an?
Was willst du *nicht*?

Mit diesen Fragen kommst du deinen Werten vielleicht auf die Spur, denn sie machen im Grunde auch das „Warum" deutlich. Es lohnt sich sehr, sich darüber Gedanken zu machen!

Was ist dir wichtig?

Worauf kommt es dir an?

Was willst du *nicht?*

Paul Ch. Donders

Eben weil dieses Thema nicht so leicht zu erfassen ist, möchte ich eine zweite Möglichkeit beschreiben, wie man sich den persönlichen Werten annähern kann.

Stell dir vor, du feierst deinen 30-sten Geburtstag. Du hast dazu 25 gute Freunde eingeladen, die dich schon länger kennen. Jeder dieser Leute soll nun sagen, wie er dich kennt und wie er dich einschätzt. Was wünschst du dir, wie die Antworten ausfallen sollen? Drei Fragen dazu, die dich zu diesen Grundwerten führen:

1. Wofür will ich bekannt sein?
2. Was will ich erreicht haben?
3. Welchen Menschen will ich weitergeholfen haben?

In deinen Antworten entdeckst du deine Werte bzw. die Motivation deines Herzens. Nimm dir ruhig Zeit, diese Fragen sorgfältig und überlegt zu beantworten.

> Jeder Mensch hat unterschiedliche Werte, denn jeder ist einzigartig und hat ein bisher einzigartiges Leben geführt, das natürlich auch die Werte mit geformt hat. Wenn du deine eigenen Werte für dich entdeckt hast, dann heißt das noch lange nicht, dass auch alle anderen Menschen diese Werte bejahen müssen. Sie haben ihre ganz eigene Ur- bzw. Grundmotivation.

Der Respekt für die Unterschiedlichkeit von Menschen ist die Grundlage dafür, dass man gemeinsam etwas Neues entwickeln kann. Gleichmacherei erstickt jede Art von lebendiger Kreativität!

2.5 Unser Körper

Michaela Kast

Dass auch der Körper zu unserem Gesamtpotenzial gehört, ist den meisten Menschen nicht bewusst. Klar, wenn man SchauspielerIn oder Model ist, spielt der Körper eine wichtige Rolle, aber sonst? Ja, auch sonst. Unser Körper ist sozusagen unsere „Bodenstation". Er macht unser äußeres Erscheinungsbild aus – aber das ist noch lange nicht alles.

Wofür will ich bekannt sein?	Was will ich realisiert haben?	Wem will ich geholfen haben?

5 Kernsätze

❍

❍

❍

❍

❍

> Die Art und Weise, wie wir mit unserem Körper umgehen, entscheidet nicht nur über die Optik, sondern auch über die Leistungsfähigkeit. Es ist nicht übertrieben, wenn ich sage, dass du schon heute mit darüber entscheidest, wie fit du im Alter sein wirst.

Wir wollen uns hier auf zwei Punkte beschränken: Pflege und Fitness.

1. Pflege

Ich bin davon überzeugt, dass jeder Mensch etwas aus sich machen kann. Nicht jede Frau sieht aus wie Claudia Schiffer, aber auch nicht jede will Model werden, oder? Und Claudia Schiffer wiederum gefällt auch nicht jedem.

Nicht jeder Typ ist so schön wie Brad Pitt oder so männlich wie George Clooney, aber mit ein bisschen System und gutem Willen lässt sich die „Fassade" durchaus aufbessern. Ich sage deshalb „Fassade", weil ich deutlich machen will, dass es eben nicht allein auf das Äußere ankommt. Wenn du ein nettes Haus siehst, gut gepflegt und schön gestaltet, dann gehst du ja auch davon aus, dass es innen nicht stinkt und vor sich hinmodert. Ist es da nicht schade, wenn Leute zwar bildschön anzuschauen sind, aber innendrin unglaublich wenig zu bieten haben (Ansichtssache, ich weiß)?

> Was die einen zu viel tun, tun die anderen zu wenig. Weder übertriebenes Styling noch totales Sich-Gehen-Lassen sind besonders bekömmlich für dich. Aber es gibt einen gesunden „Mittelweg", der ganz und gar nicht mittelmäßig sein muss.

Da wäre zum Beispiel das Thema Klamotten. Entwickle deinen eigenen Stil und steh dazu. Sei kritisch und mach nicht einfach jeden Modeschrei mit. Die Kleidung (und für uns Frauen auch das Make-up) soll unsere Persönlichkeit unterstreichen. Was gefällt dir, was passt zu dir? Was ist dir wichtig? Wie weit willst du gehen?

Wenn du deinen Typ möglichst gut zur Geltung bringen willst, sind zum Beispiel die Farben ganz wichtig. Ich habe selbst eine eher blasse Haut und sehe in Schwarz wie eine Kalkwand aus. Ich kann nicht gerade behaupten, dass das der Eindruck ist, den ich als Erstes auf Menschen machen möchte! Gleichzeitig kann ich aber allzu helle Farben auch nicht gut tragen. Ich brauche eher kräftige, aber auch nicht zu knallige Farben. Man kann ja alles übertreiben, aber ein Mensch kann durch die falschen Farben wirklich schlapp, verwahrlost und unattraktiv wirken. Wenn dich das Thema interessiert, es gibt verschiedene Bücher auf dem Markt, die sich mit dem Thema „Farb- und Stilberatung“ beschäftigen (zum Beispiel „Die neue Farb- und Stilberatung“ von Rainer Wälde, Verlag Schulte & Gerth).

Was für die Kleidung gilt, gilt auch für Düfte. Ich selbst habe ziemlich lange gebraucht, um rauszufinden, welches Parfüm zu mir passt und auch im Alltag nicht zu aufdringlich wirkt. Der eigene Körpergeruch beeinflusst die Art, wie sich ein Parfüm entfaltet. Wenn du dich also auf die Suche nach dem geeigneten Duft machst, solltest du ihn auf der eigenen Haut probieren. Sei aber vorsichtig, denn unsere Nase kann maximal drei Düfte kurz hintereinander richtig wahrnehmen und unterscheiden. Mehr ist also pro Parfümerie- oder Drogeriebesuch nicht drin.

2. Fitness

Fitness ist eigentlich eine Art Lebensstil, in dem folgende Elemente ihren Platz haben:

- Gesunde Bewegung
- Gesunde Ernährung
- Umgang mit Ärger und Stress

• *Gesunde Bewegung.* Wir leben schon in einer sehr bequemen Welt. Wenn wir uns nicht bewegen wollen, dann können wir mit sehr wenig körperlichem Aufwand überall hinkommen. Das ist ja auch eigentlich ganz gut so. Ich bin jedenfalls froh, dass ich mich nicht auf eine mühsame, monatelange Wanderung oder Schiffsüberfahrt nach Afrika machen muss, sondern den Flieger nehmen kann. Noch besser wäre ja, sich gleich „hinbeamen“ lassen zu können . . .

Trotzdem hat dieser Lebensstil auch Nachteile: Wir bewegen uns zu wenig. Die Folge ist, dass wir vom vielen Sitzen immer müder und schlapper werden. In der Schule, vor dem Fernseher und dem PC, in der U-Bahn – überall sitzen wir nur herum.

Du wirst es jetzt noch nicht unbedingt merken, aber wie gesagt: Das, was du heute tust oder lässt, zählt auch schon für deine Fitness in der Zukunft.

Sich gesund sportlich zu betätigen heißt nicht, dass du von nun an jeden Tag schweißtreibende Übungen machen und dich im Kraftraum kasteien musst. Um gesund und fit zu sein reichen schon drei- bis fünfmal pro Woche 20-30 Minuten Training, denn Regelmäßigkeit ist der Schlüssel zur Kondition.

Hier ein paar Ideen, wie man anfangen kann, sich auf Trab zu bringen: Die meisten Tierheime sind froh, wenn nette Menschen mit den Hunden spazieren gehen. So kannst du dir Bewegung verschaffen und hast gleich noch ein gutes Werk getan. Du könntest auch einem Verein beitreten oder dich mit ein paar Sportwilligen zusammentun, weil mit anderen zusammen einfach alles mehr Spaß macht. In vielen örtlichen Sportvereinen trifft man sich abends oder am Wochenende zum lockeren Kicken oder auf ein paar Volleyball-Runden, wobei kein großes Können erforderlich ist.

Allgemein besteht mehr Hoffnung, dass du bei der Sache bleibst, wenn du einen oder mehrere feste wöchentliche Termine hast. Wenn du dir nämlich nur vornimmst, „mal wieder schwimmen zu gehen" oder „endlich mehr Sport zu machen", wird vermutlich nichts daraus.

Neben regelmäßigem Training gibt's viele kleine Tricks, um sich mehr Bewegung zu verschaffen: Umwege gehen, Treppe benutzen statt Rolltreppe und Aufzug, weniger Auto, mehr zu Fuß, weniger Fernsehen. Deiner Kreativität sind keine Grenzen gesetzt: Morgens kannst du zum Beispiel im Bad versuchen, dir nur auf einem Bein balancierend die Zähne zu putzen! Das stärkt den Gleichgewichtssinn und trainiert die Beinmuskulatur. Oder du entkalkst die Dusche so richtig gründlich. Das kann Wunder für den Bizeps wirken und ist wahrscheinlich sowieso mal wieder nötig. Oder du wäschst Nachbars Auto und gräbst die Gemüsebeete um; dabei springen auch gleich ein paar Märker extra raus.

Wenn dir solche Tipps gefallen, dann hast du vielleicht auch Spaß an den Büchern von Gert und Marlen von Kunhardt (ein Beispiel: „Das Minutentraining", R. Brockhaus Verlag, Haan).

• *Gesunde Ernährung:* Dazu hast du bestimmt schon jede Menge gehört und weißt vielleicht sogar mehr als ich. Also nur ganz kurz: Man ist, was man isst, heißt es nicht umsonst. Okay, das trifft es nicht ganz, aber ich denke, du verstehst, was ich damit sagen will. Essen bei McDonalds macht dich nicht zum Hamburger, aber wenn du schon einmal in Amerika warst, dann wird dir vielleicht aufgefallen sein, dass es dort sehr viele sehr dicke Menschen gibt. Immer nur Fast Food kann also nicht das Optimale sein.

Wichtig ist: Es muss ausgewogen sein. Du hast bestimmt schon mal die sogenannte Ernährungspyramide gesehen: Ganz unten bilden Getreideprodukte die Grundlage, also Brot, Nudeln, Reis und Kartoffeln. Die gehören zu jeder Mahlzeit dazu und enthalten außerdem die für die Verdauung lebenswichtigen Ballaststoffe. Die nächste „Schicht" bilden Obst und Gemüse, die für die Vitamine sorgen. Dann kommen Fleisch und Milchprodukte, die für die Eiweißversorgung wichtig sind, aber nicht unbedingt jeden Tag sein müssen, und die Spitze bilden Süßigkeiten.

Entsprechend sollte deine Ernährung zusammengestellt sein. Zusätzlich gilt: Nur essen, wenn man auch wirklich hungrig ist; aufhören, wenn

Gesunde Bewegung	
Regelmäßiges Training:	Änderungen in meinem Alltag:
1. Monatlich:	
2. Wöchentlich:	
3. Täglich:	

man satt ist (auch wenn Mutti nicht gerne Reste auf dem Teller sieht oder man im Restaurant viel Geld fürs Essen bezahlt hat); viel trinken; morgens nicht ohne Frühstück aus dem Haus gehen; nicht zu spät am Abend noch fett essen; lieber drei normale Mahlzeiten am Tag als zwei Riesenportionen und Vorsicht mit zusätzlichen „Bomben" wie Chips und Schoki vor dem Fernseher.

So genannten „Ernährungsmuffeln" hilft vielleicht folgender Hinweis: Fit zu bleiben ist relativ schwierig ohne die entsprechende Ernährung. Ist ja auch logisch; schließlich fährt ein Porsche auch nicht mit Diesel und ein Traktor nicht mit einem Mofa-Gemisch. Der Treibstoff muss stimmen!

Gesunde Ernährung

Was nimmst du dir vor?

- *Umgang mit Ärger und Stress (Paul Ch. Donders)*
  Hier möchte ich noch auf einige interessante Punkte zu sprechen kommen: Man hat festgestellt, dass 80 % aller Krankheiten durch Stress begünstigt werden und dass 90 % aller Stressursachen im Bereich von Beziehungen, also im Zwischenmenschlichen, zu finden sind.
  Wie kann man mit Stress fertig werden? Hier ein paar Tipps:

1. *Reagier dich ab!* Und zwar nicht lautstark, sondern geh eine Runde spazieren. Du kennst doch sicher den Spruch: „Ich muss mal an die frische Luft!" Wenn du gleich deine Joggingschuhe anziehst, kommt dir zu Gute, was eine Studie der *California State University* ergab: 30 Minuten Sport helfen, innere Anspannungen sofort abzubauen.

2. *Rede darüber!* Auch hier wieder ein Sprichwort: „Mir schlägt etwas auf den Magen . . .“. Damit meint man oft unangenehme zwischenmenschliche Situationen. Wenn man mit einer neutralen Person darüber spricht (natürlich ohne gegen den anderen zu hetzen), kann das schon helfen. Noch besser ist es allerdings, das Problem gleich mit der betreffenden Person anzusprechen. Ein klärendes Gespräch kann Wunder wirken; manchmal hilft es auch, einen Brief zu schreiben.

3. *Plan Extra-Zeit ein!* Wenn du bis zu einem bestimmten Termin etwas erledigt haben musst, dann sieh zu, dass du nicht erst auf den letzten Drücker anfängst. Nimm dir vor, zum Beispiel zwei Tage vor dem gesetzten Termin fertig zu sein. Falls es bis dahin doch nicht geklappt hat, dann hast du noch einen guten Zeitpuffer.

> Wer keine Zeit für Dauerbewegung investiert, muss Zeit für Krankheit reservieren. Dabei kann es so viel Spaß machen, in einem gesunden, fitten und gepflegten Körper die Dinge zu tun, zu denen wir berufen sind.

Gesunde Beziehungen

Knoten	Wie will ich sie lösen?	Neue Gewohnheiten, die die Beziehungen schützen sollen

2.6 Unsere Wünsche

Paul Ch. Donders

Ein kleines Mädchen namens Heather Whitestone wurde im Alter von zwei Jahren durch eine tragische Erkrankung taub und stumm, konnte also weder hören noch richtig sprechen lernen. Das hat sie aber nicht davon abgehalten, einen ganz tiefen Wunsch in sich zu hegen: Sie träumte davon, einmal Miss Amerika zu werden. Und 17 Jahre später, 1995, hat sie es dann tatsächlich geschafft! Unter anderem beeindruckte sie die Jury dadurch, dass sie wunderbar tanzte. Für einen nicht behinderten Menschen ist das schon schwierig genug, aber Heather war einfach umwerfend. Da sie die Musik, nach der sie tanzte, natürlich nicht hören konnte, hatte sie die Partitur auswendig gelernt und zählte den Takt im Kopf mit. Zu Beginn musste sie die Hände noch auf die Lautsprecherbox legen, um die Schwingungen der Musik zu spüren – und dann legte sie los. Ich halte das für eine unglaubliche Leistung und ich bewundere die Bereitschaft dieser jungen Frau, trotz aller Widrigkeiten an ihrem Traum festzuhalten. Ihre Biographie ist übrigens auch als Buch erschienen (Heather Whitestone: „Ich höre mit dem Herzen“, Schulte & Gerth).

> Jeder Mensch besitzt die Fähigkeit zu träumen und manche Träume sind durchaus zu erreichen, auch wenn sie fast unmöglich erscheinen. Ob und wie Träume in Erfüllung gehen, liegt nicht allein an uns, aber wir können einen Beitrag dazu leisten.

So wie Heather Whitestone, die ihre Behinderung sozusagen umgehen musste. Dazu gehörte sicherlich sehr viel Mut und harte Arbeit und manche Wünsche sind uns dann vielleicht doch nicht wichtig genug.

Wenn du heute darüber nachdenkst, wie du leben möchtest, dann sind deine Wünsche eine ganz wichtige Quelle. Ähnlich wie die Begabungen, die du bereits entdecken konntest, bilden sie das Material, mit dem du dein Leben gestalten kannst.

Im folgenden Schaubild ist die Wirkung oder auch der Zweck mancher Wünsche dargestellt. Wenn du heute einen Wunsch hast, dann ist dieser ja eine Vorstellung von der Zukunft. Vielleicht träumst du davon, Pilot zu werden; vielleicht möchtest du als Arzt kranken Menschen helfen. Der erste Schritt zur Verwirklichung ist, deine Wünsche in Worte zu fassen und dadurch zu fassen zu bekommen.

Wünsche: Bilder der Zukunft

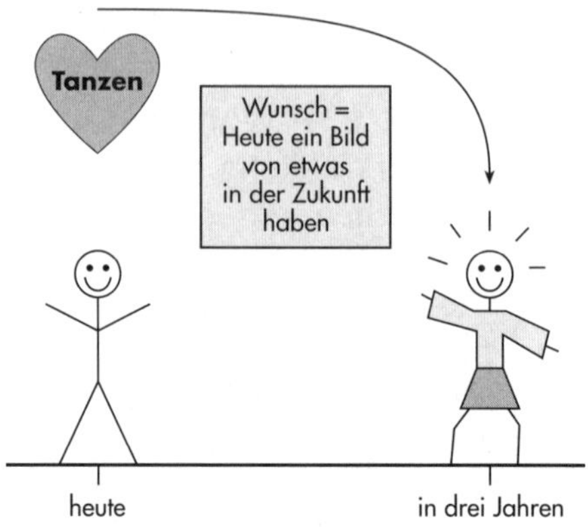

Vorgehensweise:
Du findest im Folgenden vier Arbeitsblätter, die erstens dazu da sind, in fünf verschiedenen Bereichen Wünsche zu formulieren, und zweitens helfen sollen, dein eigenes Potenzial noch besser zu verstehen. Das Ziel ist es, möglichst viele Wünsche zu artikulieren. Dazu solltest du dir ruhig Zeit lassen und erst dann aufhören, wenn du auch Dinge aufgeschrieben hast, die eigentlich unmöglich oder nicht unbedingt lebensnotwendig sind. Das ist wichtig, um möglichst viel aus diesen Workshops herauszuholen.

1. Zielgruppenwünsche
Was sind Zielgruppen?
Zielgruppen kann man einteilen nach verschiedenen Kriterien

1. Alter (Kinder, Teens, Twens, Mittelalter, Senioren)
2. Geografisch (Afrikaner, Italiener, Indianer . . .)
3. Nöte/Bedürfnisse (Kranke, Depressive, Menschen in der Berufswahl . . .)
4. Berufsgruppen (Politiker, Hausfrauen . . .)

Wenn du so darüber nachdenkst, mit welchen Menschengruppen kannst du etwas anfangen, was interessiert dich?

2. Berufswünsche
Ganz egal, ob du das im Moment realistisch findest oder nicht: Schreib alles auf, was dich reizt. Wer weiß, vielleicht geht es ja doch. (Es lebe der Umweg!)

3. Beziehungswünsche
Auch hier: Mal ganz ehrlich – was wünschst du dir? Nur, wenn du weißt, was *du* willst, kannst du auch darauf zusteuern.

4. Freizeitwünsche
Das Leben besteht nicht nur aus Arbeit! Wir sollen auch entspannen: Wie machst du das und was würdest du gerne machen? Auch wieder eine Quelle für Ideen in der Lebensgestaltung.

Welchen Zielgruppen möchte ich in meinem Leben helfen?

	Zielgruppen (mind. 7), denen ich helfen könnte
	Bedürfnisse dieser Zielgruppen, denen ich begegnen will
	Natürliche Motivationsfähigkeiten, die ich einsetzen würde (schau doch mal auf deine Liste auf Seite 36)
	Persönlichkeitsstärken, die ich einsetzen würde (schau doch mal auf Seite 42 ff)

Welche Berufe würde ich gerne ausüben, wenn ich könnte?

	7 Wunschberufe
	Was interessiert mich daran besonders?
	Natürliche Motivationsfähigkeiten, die ich einsetzen würde
	Ideale Umstände, die mich motivieren würden

Welchen Dienst würde ich gerne in der Gesellschaft tun, wenn ich könnte?

	7 Gesellschaftsdienstwünsche
	Arbeitsbereiche, in denen ich mich einsetzen würde
	Natürliche Motivationsfähigkeiten, die ich einsetzen würde
	Persönlichkeitsstärken, die ich einsetzen würde

Beziehungswünsche

Wie will ich lernen, meine Zuneigung auszudrücken?	Wie möchte ich geliebt werden?

Welche Freundschaften möchte ich aufbauen und pflegen?	Was will ich dafür tun?

Freizeitwünsche

Welche Sportart möchte ich erlernen?	Was will ich dafür tun?

Welche Hobbys möchte ich entwickeln?	Was will ich dafür tun?

Wie will ich lernen, das Leben zu genießen?	Was will ich dafür tun?

Nachdem du dich mit deinen Wünschen näher auseinander gesetzt hast, kommt hier noch einmal ein wichtiger Punkt, auf den wir schon am Anfang diese Buches hingewiesen haben:

> Die Zukunft ist spannend! Du darfst und sollst sie gestalten, Schritt für Schritt! Lerne, dein Leben so zu leben, dass es Spaß macht – nicht nur dir, sondern auch den Menschen um dich herum.

Überprüfe daher jetzt noch mal deine in Worte gefassten Träume. Das kannst du unter anderem durch folgende Fragen tun:

Wünsche ich es mir wirklich von ganzem Herzen? Diese Frage ist wichtig, denn wenn du dir etwas wirklich wünschst, wenn es dir wirklich wichtig ist, dann bist du bereit, dich dafür einzusetzen – auch, wenn es viel Arbeit kostet.

Schadet mein Wunsch irgendjemandem? Das kann schon einmal vorkommen. Wünschst du dir zum Beispiel etwas, das jemand anderem gehört? Das kann auch für Beziehungen/Freundschaften gelten!

Ist mir mein Wunsch vielleicht zu wichtig? Es gibt Wünsche, die bedeuten einem so viel und man sehnt sich so sehr danach, dass es einem schon wieder schadet. Kennst du Menschen, die einfach nicht einsehen wollen, dass sie etwas nicht bekommen können? Sie laufen Gefahr, alles andere über ihrem Wunsch zu vergessen und über Leichen zu gehen, um ihn zu verwirklichen.

Die Wünsche, die jetzt noch Bestand haben – und das sind hoffentlich einige –, stellen nun deinen „Rohstoff“ für den weiteren Prozess dar.

Kapitel 3: Wo gehe ich hin?

Paul Ch. Donders

Ähnlich wie in dem Beispiel von Heather Whitestone war auch bei einem Jungen namens Ralph Showers nicht alles so einfach. Schon in jungen Jahren hatte man bei ihm eine Lernbehinderung festgestellt. Außerdem trug er eine dicke Brille, hinter deren Gläser man seine Augen kaum erkennen konnte. Wie oft in solchen Fällen, wurde Ralph von seinen Schulkameraden nicht gerade nett behandelt, und so hatte er selbst absolut keine Perspektive, was er mit seinem Leben anfangen sollte. Trotzdem ließ er sich nicht von einem großen Ziel abbringen: Er wollte das Abitur schaffen!

Es dauerte länger als bei anderen Jugendlichen, aber mit Mitte 20 hatte er sein Ziel erreicht. Was nun als Nächstes? Auch hier entschied er sich wieder für ein sehr anspruchsvolles Ziel: Er beschloss, Theologie und Psychologie zu studieren. Einige seiner Freunde wunderten sich, woher er nur diesen Willen und diese Ausdauer nahm, aber Ralph besaß ein Ziel für sein Leben und darauf steuerte er einfach weiter zu. Er benötigte wieder mehr Zeit als die anderen, aber mit Mitte dreißig hatte er seine Abschlüsse erreicht.

Als Ralph Showers in dieser Zeit einem jungen Mann begegnete, der noch stärker als er lernbehindert war und höchstwahrscheinlich keine andere Möglichkeit hatte, als in einem Heim untergebracht zu werden, wurde ihm klar, wie seine neue Aufgabe aussehen würde: Er wollte eine Ranch für geistig behinderte Menschen aufbauen, wo sie leben und eine Ausbildung erhalten könnten. Nun ist es gar nicht so einfach, so einen Traum ohne die Unterstützung anderer zu verwirklichen. Ralph gelang es, einen guten Freund für sein Vorhaben zu gewinnen und zusammen kauften sie ein größeres Grundstück, auf dem genügend Platz für mehrere Gebäude vorhanden war. Ihre erste Anschaffung war eine große Scheune, die auf einem Nachbargrundstück stand. Diese wurde einfach vom Fundament abgelöst und so, wie sie war, auf einen großen Trailer befördert. Ralph Showers setzte sich, mit einem großen Stock in der Hand, ganz oben auf die Scheune, um – falls nötig – die dort verlaufenden Telefondrähte zur Seite zu schieben.

Niemand weiß genau, wie es passieren konnte, aber plötzlich waren dort nicht nur Telefonleitungen, und dieser Mann hing mit beiden Händen an einer Stromleitung. Eine unglaubliche Stromspannung durchfloss seinen Körper. In diesem Moment wusste Ralph Showers aufgrund seines Psychologiestudiums, dass, sobald er die Augen schließen würde, sein Tod nicht aufzuhalten wäre. Seine einzige Chance bestand also darin, die Augen so lange wie möglich offen zu halten.

In dieser Situation sagte er sich innerlich immer wieder: „Ich will leben. Ich will weiterleben!“ Irgendwie hat man es dann geschafft, den Stromfluss zu unterbrechen und Ralph ins Krankenhaus zu bringen. Es ist klar, dass diese Geschichte eine absolute Extremsituation beschreibt, aber selbst nachdem ihm beide Arme amputiert werden mussten, hatte er sich nach einem Jahr weitgehend erholt.

Heute gibt es nicht nur die Ranch, von der Ralph Showers träumte. Mehrere solcher Standorte wurden in ganz Nordamerika gegründet. Diese Projekte, von denen es mehr als vierzig gibt, werden von Ralph Showers betreut und koordiniert.

> **!** Ich finde es absolut bewundernswert, wie sich auch dieser junge Mann nicht von seinen Zielen und Vorstellungen hat abbringen lassen, und ich bin davon überzeugt, dass wir solche Träume und Wünsche brauchen, um einen Ansporn für unser Leben zu haben und eine menschenwürdige Gesellschaft zu schaffen.

Vermutlich wird dein eigenes Leben ganz anders aussehen als das von Ralph oder Heather, schon allein deshalb, weil deine eigenen Wünsche ganz andere sind. Wahrscheinlich (hoffentlich!) sind sie auch viel einfacher zu erreichen. Wir wollen dir nun helfen, über dein Potenzial und deine Wünsche zu einer Vision für deinen Beruf, deine Familie, deine Freundschaften und deine Freizeit zu kommen, diese zu formulieren und dann als Basis für die weiteren Schritte zu nehmen.

Sieben Teilschritte gliedern diesen nächsten Punkt in unserem Prozess, den wir gemeinsam gehen wollen:

- ✗ Eine kreative Zukunftsreise
- ✗ Entdecke die Möglichkeiten!
- ✗ Beschreibe und male
- ✗ Die wichtigsten Entscheidungskriterien
- ✗ Leerlaufzeiten sinnvoll nutzen
- ✗ Darüber reden
- ✗ Langfristige Zielsetzungen

Diese drei Teilschritte bilden zusammengenommen das, was man **Planung** nennt. Planung heißt für uns, schriftlich festzuhalten, wie man sich den besten Weg von A (heute) nach B (Vision) vorstellt.

Dazu müssen wir zunächst beschreiben, wie wir uns eigentlich unsere Zukunft vorstellen, denn wenn wir nicht wissen, wie B aussehen soll und wo es ungefähr liegt, können wir auch den Weg dahin schlecht beschreiben, oder?

3.1 Eine kreative Zukunftsreise

Michaela Kast

So, wie ein Künstler zuerst einen Entwurf oder eine Skizze für sein Kunstwerk anfertigt, sollst du hier die Gelegenheit bekommen, eine Art Lebensentwurf für dich selbst zu skizzieren. Du besitzt Potenzial – was möchtest du daraus machen?

Dazu sind wieder ein paar Punkte ganz wichtig:

1. *Du darfst träumen!* Ist dir Martin Luther King ein Begriff? Er war ein sehr beeindruckender Mann, der in den USA viel bewegt hat, um Weiße und Schwarze miteinander zu versöhnen und mehr Gerechtigkeit zu schaffen. Von diesem Mann ist ein Gedicht weltbekannt geworden: „I have a dream ..." zu Deutsch „Ich habe einen Traum ..." Sein Traum hat mit dazu beigetragen, dass die Welt ein Stück menschlicher geworden ist – genau das war sein Wunsch und genau dafür ist er letztlich auch gestorben. (Er kam bei einem Attentat ums Leben.)

Träume für unser eigenes Leben oder auch für eine bessere Welt bewegen uns, sie können eine Sehnsucht ausdrücken, die dann auch praktisch wird. So etwas fasziniert mich sehr und ich hoffe, ich kann dich ein wenig anstecken und für dein eigenes Leben und für die Möglichkeiten begeistern, die darin verborgen liegen.

2. *„Ein Schiff im Hafen ist sicher, aber das ist nicht das, wozu Schiffe gebaut wurden" (Grace Hopper, Erfinderin).* Große Preisfrage: Wozu werden Schiffe gebaut? Genau: Um auf dem Wasser zu fahren! Und was kann dann passieren? Nun, es könnte unangenehm werden, Stürme, Sandbänke, andere Schiffe, die in die Quere kommen. Na und? Trotzdem ist es doch Quatsch, ein Schiff zu bauen, das dann im Hafen herumliegt, oder? Im Hafen macht ein Schiff mit seiner Besatzung Pause, nimmt neue Lebensmittel an Bord und wird eventuell auch im Trockendock runderneuert – aber nur, um dann wieder auf hohe See hinauszufahren.

Nun gibt es Hochsee-Segler und es gibt Tanker, es gibt Schlepper, die eher auf großen Flüssen als auf dem Meer zu Hause sind ... aber alle sind dazu gedacht, auf dem Wasser zu schwimmen und Menschen oder Dinge zu transportieren. Wenn du dir vorstellst, ein Schiff zu sein, wie würdest du dann aussehen und auf welchem Gewässer wärst du zu Hause? Bist du ein Mensch, der sich mit einem Forschungsschiff vergleichen lässt, das in unbekannte Gebiete vorstößt, oder bist du eher der Typ, der sich auf einem kleineren See wohl fühlen würde? Es ist gar nicht mal so wichtig, wie viel du dir selbst zutraust: Hauptsache, du traust dich überhaupt!

Du hast nun die Möglichkeit, im folgenden Arbeitsblatt über all das nachzudenken. Auf dem Papier ist das Ganze sowieso erst mal total ungefährlich. Deswegen sei ruhig mutig! Wie möchtest du in 20, in 30 Jahren leben? Willst du dann Familie haben? Hast du beruflich Karriere gemacht? Träumst du, wie ich, von einem Häuschen in Schottland? Oder möchtest du etwas ganz anderes erreichen? Und wie sollte deine Freizeit aussehen? Welche Länder möchtest du bereisen? Hast du dir schon einmal überlegt, ob du vielleicht einer der ersten Touristen auf dem Mond sein könntest? Was könnte dein Beitrag in der Gesellschaft sein? Wovon träumst du? Was fändest du großartig und wozu hättest du aufgrund deiner Fähigkeiten und deiner Persönlichkeit auch das Zeug?

> Denk an ein Schiff, das nicht für den Hafen gebaut ist – und dann leg los und gestalte deinen Lebensentwurf. Schreib ruhig mit einem Bleistift, dann kannst du auch wieder etwas ändern. Die erste Skizze eines Malers ist auch nicht unbedingt immer gleich die beste.

In diesem Workshop ist pro Lebensalter und Lebensbereich nicht sehr viel Platz. Das haben wir ganz bewusst so gemacht. Du solltest nur Stichpunkte aufschreiben, aus denen sich dann konkrete Bilder entwickeln können. Wie das Ganze dann weiter aussehen kann, wirst du auf den nächsten Seiten sehen.

Jahre	Beruf	Familie	Gesellschaft	Freizeit
15				
20				
25				
30				
35				
40				
45				

3.2 Entdecke die Möglichkeiten!

Michaela Kast

Die kreative Reise hat dir bisher hoffentlich Spaß gemacht und du staunst vielleicht sogar über das, was sich da bereits vor deinen Augen entwickelt hat. Um nun zu einer konkreteren Lebensvorstellung zu gelangen, wollen wir drei weitere Schritte gehen:

1. Ordne das Bild
2. Welche Möglichkeiten gibt es?
3. Tipps zur Nutzung des BiZ

1. Ordne das Bild

Ich erinnere mich noch ziemlich genau daran, wie es war, als ich selbst vor der Berufswahl stand. Ich kann noch ganz gut nachvollziehen, wie wir uns alle Gedanken machten, was wohl „das Richtige" wäre. So manche Unterhaltung drehte sich um dieses Thema und wir haben mit Ratschlägen und Urteilen nicht gespart. Ich selbst hätte ganz gern einen Bürojob gewählt, bei einer Bank oder so. Aber das war damals gerade absolut nicht „in". Soziales Engagement war gefragt, Krankenpflege oder ein erzieherischer Beruf schien total sinnvoll, aber doch nicht so ein Spießerjob wie Banker!

Krankenschwester, ich? Nein, das war eigentlich nicht mein Ding, aber trotzdem haben mich diese Diskussionen ganz schön beeinflusst. Es gab sicher auch noch andere Gründe, aber ein Test vom Arbeitsamt prädestinierte mich mit jeweils 9 von 10 möglichen Punkten für zwei Berufe: Diakonin oder Diätassistentin. Das eine wollte ich nicht, das andere kannte ich nicht! Aber ich habe mich natürlich gleich informiert. Die Beschreibung des Berufsbilds klang ganz interessant und so stand bald mein Entschluss fest: Ich werde Diätassistentin.

Ich hatte einfach keine Lust mehr, mich so elend lange mit dem Thema „Job" zu beschäftigen. Ich wollte endlich Klarheit, um mit den Bewerbungen loslegen zu können. Wie viele Bewerbungen ich geschrieben habe, bis ich dann eher durch Zufall einen Ausbildungsplatz bekam, weiß ich nicht mehr, aber es waren nicht wenige. Auf die 20 Plätze, die es in Münster an der Diätschule gab, hatten sich damals über 700 (!) bestimmt nicht unbegabte junge Damen beworben. Ich war nicht besser oder schlechter als die anderen, aber man konnte eben nicht alle nehmen. Das Problem gibt es ja bis heute. Die nächste Herausforderung war, die Sache auch durchzuhalten, denn nicht alles war so toll, wie ich mir das vorgestellt hatte.

Später habe ich dann eine zweite Ausbildung – genauer gesagt ein Studium – in Angriff genommen. Jetzt stehe ich in einem Beruf, der mir wirklich wesentlich mehr Spaß macht.

Heißt das jetzt, ich habe anfangs nur Zeit vergeudet oder es mir zu leicht gemacht? Nein, denn mir hat mein gesamter Ausbildungsweg eine ganze Menge an Erfahrungen, Wissen und auch persönlicher Reife gebracht. „Der Mensch denkt und Gott lenkt" – genau so war es bei mir und genau so erlebe ich es immer wieder.

Rückblickend finde ich, dass ich für die wenigen Entscheidungskriterien, die ich damals hatte, eigentlich eine ziemlich gute Wahl getroffen habe. Ich bin heute auch froh, so viel über Ernährungslehre, den menschlichen Körper und auch Kochen gelernt zu haben! Trotzdem: Wenn man die Gelegenheit dazu hat, dann sollte man schon ein bisschen strukturierter an die Angelegenheit herangehen. Und genau das wollen wir jetzt tun.

Einige Puzzleteile haben wir ja schon gesammelt, die die Grundlage für deine weiteren Überlegungen bilden sollten. Wenn du auf den nächsten Seiten diese verschiedenen Teile zusammensetzt, dann ist das Ergebnis natürlich um so deutlicher, je mehr du in den einzelnen Workshops bisher eingetragen hast. Wenn du aber bestimmte Dinge zu schwierig fandest oder über deine Familie nicht viel weißt, dann nimmst du einfach das, was du hast.

1. Puzzleteil: Deine Fähigkeiten. Hier haben wir schon einige Hinweise bei deinem familiären Erbe entdeckt. Außerdem hast du vermutlich in der Tabelle deines bisherigen Ausbildungswegs unter der Sparte: „Was hat mich besonders interessiert?" auch schon einige Fähigkeiten stehen. Wenn du dann noch deine Auswahl der 7 bis 10 Motivationsfähigkeiten nimmst und aus dem Workshop „Wünsche" deine dort aufgelisteten Fähigkeiten anschaust, welche Schwerpunkte erkennst du dann?

Häufig gibt es zwei Bereiche, in die sich deine Fähigkeiten einordnen lassen. Trag hier deine Ergebnisse noch einmal geordnet ein und schau dann selbst, wie's aussieht. Lass dir vielleicht auch von jemandem helfen, denn zwei sehen bekanntlich mehr als einer. Außerdem macht es zu zweit mehr Spaß. Zudem kannst du dann auch gleich einen wichtigen Grundsatz einüben: Such immer den Rat anderer Leute. Lass von einer neutralen Person überprüfen, ob das, was du selbst über dich denkst, dem entspricht, wie Menschen deines Vertrauens dich einschätzen.

Hier suchen:

1. Familiäres Erbe auf Seite 22 ff.
   (Welche Fähigkeiten hast du bei dir selbst wiedererkannt?)

2. Bisheriger Ausbildungsweg auf Seite 29.
   (Welche Fähigkeiten sind dort aufgelistet?)

3. Liste der 10 stärksten Fähigkeiten auf Seite 36.
   (Selbst- und Fremdeinschätzung)

4. Deine Wünsche auf Seite 63 ff.
   (Welche Fähigkeiten hast du dort aufgelistet?)

Hier eintragen bzw. zuordnen:
(Wenn bestimmte Fähigkeiten mehrfach auftauchen, dann mach einfach einen Strich hinter der Fähigkeit, die du schon aufgeschrieben hattest.)

Schwerpunktbereich Menschen	Häufigkeit

Schwerpunktbereich Information	Häufigkeit

Schwerpunktbereich Material/Maschinen	Häufigkeit

Schwerpunktbereich Kreativität	Häufigkeit

2. *Puzzleteil: Deine Persönlichkeit.* Auch hier kommt wieder die Frage: Was hast du auf Seite 22 in deinem familiären Erbe wiedererkannt? Und zweitens: Welche Merkmale hast du auf Seite 42 ff unter den verschiedenen Persönlichkeitsstilen angekreuzt? Wo liegen die Schwerpunkte?

Genauso geht es bei den Wünschen. Auch hier wirst du wahrscheinlich wieder zwei Bereiche erkennen, die fast gleich stark ausgeprägt sind. Dabei kommt es besonders auf die Kombination an: Schreib auch hier wieder deine Ergebnisse zusammen und ordne sie den vier Typen zu. Im nächsten Schritt stellst du fest, welche zwei Schwerpunkte du erkennst. Dann lies auf Seite 41 ff nach, was das für dich bedeuten kann:

Hier suchen:

1. Familiäres Erbe auf Seite 22 ff.
   (Was hast du an Persönlichkeitsstärken wiedererkannt?)

2. Beschreibung der vier Persönlichkeitsstile auf Seite 42 ff.
   (Selbst- und Fremdeinschätzung)

3. Wünsche auf Seite 63 ff.
   (Welche Persönlichkeitsstärken hast du hier aufgelistet?)

Hier eintragen bzw. zuordnen:
Was passt zu welchem Persönlichkeitstyp?

Dominant	Initiativ
Gewissenhaft	**Stetig**

Hier die passende Kombination checken und nachlesen:
Dominant und Initiativ: Du bist ein *Global Player*, das heißt, du magst Herausforderungen und Abwechslung und könntest auch gut für eine internationale Tätigkeit geeignet sein. Die D- und I-Typen sind gern unterwegs und machen ganz unterschiedliche Dinge.

Stetig und Gewissenhaft: Du bist ein *Local Hero*, das bedeutet, dass du vermutlich lieber nicht so viel reisen möchtest und es auch lieber hast, wenn Sicherheit, Harmonie und klare Aufgabenfelder dein Arbeitsumfeld prägen.

Dominant und Gewissenhaft: In dieser Kombination müsste dir Projektarbeit sehr liegen. Hier hast du nämlich die optimale Möglichkeit, qualitativ gute Ergebnisse durch genaues und sorgfältiges Arbeiten zu bringen. Immer, wenn ein solches Projekt (ein zeitlich begrenzter Auftrag) abgeschlossen ist, kannst du dich der nächsten Aufgabe zuwenden.

Initiativ und Stetig: Wenn diese beiden Verhaltensschwerpunkte zusammenkommen, dann geht es dir wahrscheinlich sehr stark darum, Menschen helfen zu können. Mit Menschen umgehen zu können und Beziehungen zu pflegen ist eine wichtige Aufgabe und wird in vielen Berufen gebraucht, vor allem in der Dienstleistungsbranche.

3. *Puzzleteil: Deine Werte.* Was hast du unter diesem Punkt auf Seite 52 aufgeschrieben? Wir hatten dort ja danach gefragt, was dir wichtig ist und worauf es dir ankommt. Außerdem konntest du darüber nachdenken, wofür du bekannt sein möchtest, was du später einmal erreicht haben möchtest und welche Menschen du gern unterstützen möchtest.

Du hast hier noch einmal die Gelegenheit, die wichtigsten Punkte aufzuschreiben, denn auch dies sind Weichen für deine Zukunft:

Hier suchen:
1. Werteprofil auf Seite 52.
   (Was hast du dort aufgeschrieben? Was ist dir besonders wichtig?)

Hier eintragen: (entscheide dich für die drei wichtigsten Punkte)

1.

2.

3.

Bis hierher konntest du jeweils zurückblättern und zusammenschreiben, was du bereits festgehalten hast. Du hast dir jetzt einen ziemlich guten Überblick darüber verschafft, was alles in dir steckt und was dir wichtig ist.

Als Nächstes geht es darum festzustellen, was für Möglichkeiten du eigentlich jobmäßig hast. Im folgenden Schritt legen wir beide Informationen nebeneinander und stellen fest, wo es Überschneidungen gibt – etwa so, wie in der folgenden Grafik dargestellt.

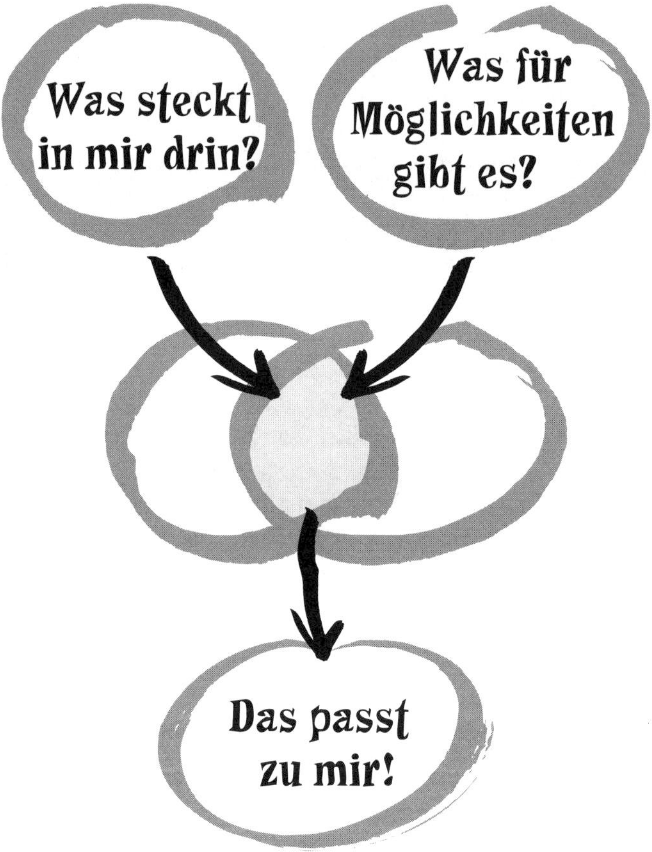

2. Welche Möglichkeiten gibt es?

Ich kann nur sagen: Es gibt unzählige Möglichkeiten und wir werden hier kaum in der Lage sein, alles aufzulisten – zumal sich die Lage ständig verändert. Der eine Beruf stirbt einfach aus, weil er zum Beispiel vom Computer übernommen wird, ein anderer entsteht neu, zum Beispiel im EDV- und Medienbereich, aber auch in der Gesundheits- und Dienstleistungsbranche.

Als Erstes wollen wir dir hier einen Überblick verschaffen über das, was es grundsätzlich so alles auf dem Arbeitsmarkt gibt – ein reiner Informationsblock also. Schau dir die folgenden Auflistungen gründlich an und markiere das, was dich grundsätzlich interessieren könnte.

Ziel:
Auf der Seite 110 am Ende dieses Infoblocks findest du eine Liste, in der du alles systematisch aufschreiben kannst. Diese Liste ist für den weiteren Verlauf sehr hilfreich!

Nimm dir dabei ruhig Zeit und schlaf auch mal eine Nacht darüber, denn unser Gehirn verarbeitet Informationen, während wir schlafen, und ordnet für uns die Dinge neu. Es kann durchaus sein, dass dir dann am Morgen einiges klarer ist, als es noch am Abend zuvor war!

Ausbildungsberuf oder Studium?
Diese Frage kannst du am ehesten beantworten, wenn du zunächst mal überlegst, ob du überhaupt das Abitur machen kannst und willst. Wenn du das schon in der Tasche hast, dann stehen dir alle Möglichkeiten offen. Auch, wenn du eigentlich nicht studieren willst oder kannst, solltest du dir die folgende Auflistung ruhig ansehen. In manchen der angeführten Bereiche ist auch eine Ausbildung möglich. Du wirst merken, dass es eine Fülle von Studiengängen gibt. Was interessiert dich?

Wir können hier wegen der Unmenge von Angeboten nicht jeden Bereich ausführlich beschreiben. Das ist auch gar nicht nötig, denn die Bund-Länder-Kommission für Bildungsplanung und Forschungsförderung und die Bundesanstalt für Arbeit haben sich schon längst diese Mühe gemacht! Nachzulesen ist das alles in:

- „Beruf aktuell“
  Wird in Haupt- und Realschulen ab der 9. Klasse vom Arbeitsamt an die Schulen verteilt. Gemeinsam mit der Arbeitsmappe „Mach's richtig“ habt ihr hier sehr hilfreiche Zusatzinformationen zu diesem Buch! Fragt nach, falls ihr es nicht oder noch nicht bekommen habt.
- Oder in „Studien- und Berufswahl“ (Gymnasien), das es ebenfalls kostenlos in Schulen gibt. Für den Fall, dass ihr euch dieses Buch nachträglich besorgen wollt, könnt ihr es auch im Buchhandel kaufen: BW Bildung und Wissen, Nürnberg, DM 10,80.
- Außerdem empfehlen wir den Besuch im Internet:
  www.berufswahl.de
  www.studienwahl.de

Alle Infos in diesem Buch beziehen sich auf Deutschland. Wenn du in

Österreich oder der Schweiz lebst, gelten andere Bedingungen, über die du dich im örtlichen Arbeitsamt informieren musst!

> Die folgenden Infos darüber, welche Fähigkeiten und Persönlichkeitsstärken für welchen Studiengang oder Beruf sinnvoll oder nützlich sind, sollen *nur Ideen und Anregungen* für dich sein, um selbst weiterzuforschen, wie es nun genau in dem speziellen Bereich aussieht. Im weiteren Verlauf wird es wichtig werden, dass du auch so genannte „Expertengespräche" (siehe auch S. 113 ff) führst, also Informationen von Fachleuten einholst, um einen wirklich guten Einblick zu bekommen.

Studienbereiche an deutschen Universitäten:

Alle Angaben in diesem Bereich sind zum größten Teil aus „Studien- und Berufswahl" 1999/2000 entnommen.

✗ ***Fächergruppe Ingenieurwissenschaften***
Architektur/Städtebau, Bauingenieurwesen, Bergbau/Markscheidewesen, Druckerei- und Medientechnik, Elektrotechnik, Fahrzeugtechnik, Feinwerktechnik, Hüttenwesen/Hüttentechnik/Gießereitechnik, Lebensmitteltechnologie, Luft- und Raumfahrttechnik, Maschinenbau, Produktionstechnik, Raumplanung, Schiffstechnik, Seefahrt/Nautik/Schiffsbetriebstechnik, Technisches Gesundheitswesen/Medizintechnik, Textiltechnik/ Bekleidungstechnik, Umweltschutz/Ökologie/Entsorgung, Vermessungswesen/ Kartographie, Versorgungstechnik/Technische Gebäudeausrüstung, Werkstoff- und Materialwissenschaft/Werkstofftechnik/Kunststoff- und Papiertechnik/Metallkunde, Wirtschaftsingenieurwesen

Aufbaustudiengänge/Spezialisierung möglich, z. B. Master in Communication and Media Engineering

- *Was macht man?*

Suchen nach zweckmäßigen, praktischen und wirtschaftlichen Lösungen

- *Was braucht man?*

Neben der breiten Grundlage an natur- und technikwissenschaftlichen Kenntnissen, die im Studium vermittelt werden, baut man hier auf Intuition, Phantasie und schöpferisches Vorstellungsvermögen. Weitere Fähigkeiten sind: Planen, Organisieren, Optimieren, Entwickeln, Entwerfen, Berechnen, Konstruieren, Erproben, Überwachen, Montieren, Kalkulieren

- *Arbeitsgebiete?*

Beratende Tätigkeit bei der Errichtung von Bauwerken und Entwicklung neuer Produkte (Kundenberatung), planende und überwachende Aufgaben in öffentlicher Verwaltung, Verbänden und Wirtschaftsorganisationen

- *Der Frauenanteil liegt zwischen 45 % (Architektur) bis 3 % (Elektrotechnik).*

Fazit: je technischer, desto weniger Frauen. Warum eigentlich? Wer programmiert denn zu Hause beispielsweise den Videorecorder? Sind Frauen technisch wirklich weniger begabt?? Wenn du also ein weibliches Wesen bist, schrecke hier nicht gleich zurück, sondern schau auf deine Neigungen und Fähigkeiten!

✗ *Fächergruppe Mathematik/Naturwissenschaften*

Biochemie, Biologie, Chemie, Lebensmittelchemie, Geographie, Geowissenschaften, Haushalts- und Ernährungswissenschaften, Informatik, Kerntechnik/Reaktortechnik, Mathematik, Physik/Physikalische Technik, Astronomie, Statistik, Verfahrenstechnik/Chemieingenieurwesen

- *Was macht man?*

Naturerscheinungen beobachten und beschreiben, Zusammenhänge und Gesetzmäßigkeiten erforschen, Ergebnisse der Forschungen in mathematischen Formeln und Modellen/Theorien ausdrücken oder beschreiben, Erkenntnisse für andere Bereiche, z. B. Medizin, Landwirtschaft oder Technik, bereitstellen

- *Was braucht man?*

Fähigkeiten wie Forschen, Entwickeln, Planen, Berechnen, Kalkulieren, Überwachen etc. spielen eine große Rolle.

- *Arbeitsgebiete?*

An Hochschulen, Forschungsinstituten, chemische und pharmazeutische Industrie (z. B. Lebensmittel- und Getränkeindustrie, bei Arzneimittelherstellern, Herstellern von Wasch- und Reinigungsmitteln sowie Dünge- und Pflanzenschutzmitteln), im Datenverarbeitungsbereich und Software-Unternehmen, Beratungstätigkeiten

- Der Frauenanteil liegt zwischen 54 % (Biologie) und 11 % (Informatik).

✗ *Fächergruppe Agrar- und Forstwissenschaften*

Forstwissenschaft/Forstwirtschaft, Gartenbau/Landespflege, Holzwirtschaft/Holztechnik, Landwirtschaft/Agrarwissenschaft/Landbau/Weinbau

- *Was braucht man?*

Interesse an Botanik, Zoologie, Chemie und Physik, volks-, sozial- und betriebswirtschaftlichem Wissen, teilweise auch technisches Interesse, mathematische Fähigkeiten, durchschnittliche bis gute Kenntnisse in den naturwissenschaftlichen Fächern, planerische und organisatorische Fähigkeiten, mechanisch-technisches Verständnis, kaufmännisches Denken, Kontakt- und Kooperationsfähigkeiten. Außerdem ist eine gewisse körperliche Belastbarkeit erforderlich.

• *Arbeitsgebiete?*
Je nach Schwerpunkt im öffentlich-rechtlichen Bereich (z. B. Revierförstereien, Landesforstverwaltungen, Versuchs- und Forschungsanstalten), Garten- und Landschaftsbaubetriebe, Planungsbüros, bei Bund, Ländern und Kommunen etc.
• Der Frauenanteil liegt zwischen 60 % (Gartenbau) und 26 % (Forstwissenschaft /Forstwirtschaft).

✗ *Fächergruppe Medizin, Gesundheitswesen*
Medizin, Pflegemanagement, Pflege- und Medizinpädagogik, Pflege- und Gesundheitswissenschaft, Pharmazie, Therapien, Tiermedizin, Zahnmedizin
• *Was macht man?*
Medizin beschäftigt sich mit der Erkennung, Heilung und Linderung von Krankheiten bei Mensch und Tier, sowie der Forschung
• *Was braucht man?*
Interesse an menschlicher bzw. tierischer Anatomie & Physiologie (Aufbau und Abläufe im Körper), Interesse an den Fächern Biologie, Biochemie, Chemie und Physik, kaufmännische Grundlagen (Gesundheitswesen)
• *Arbeitsgebiete?*
Neben dem unter „Was macht man" Geschilderten kümmert man sich verstärkt auch um Wege der Vorbeugung von Krankeiten (Vorsorge und Früherkennung), in Zukunft stark gefragt: Forschung im Bereich chronischer (dauerhafter) Erkrankungen, Rehabilitation (Wiedereingliederung nach Operationen, etc.), Altersmedizin, Schmerztherapie etc., dies macht man in freien Praxen (Selbständigkeit) oder Kliniken, an Forschungseinrichtungen, an Lehreinrichtungen, in der öffentlichen Verwaltung, in Beratungsunternehmen etc.
• Frauenanteil liegt zwischen 76 % (Tiermedizin) und 47 % (Zahnmedizin).

✗ *Fächergruppe Rechts- und Wirtschaftswissenschaften*
Rechtswissenschaft, Wirtschaftsinformatik, Wirtschaftsrecht, Wirtschaftswissenschaften/Wirtschaft

Immer neue Studiengänge möglich, wie z. B. Wirschaftspsychologie an der Fachhochschule Nordostniedersachsen (Lüneburg, Buxtehude, Suderburg), www.fh-lueneburg.de, oder auch telefonisch: 04131-677-0 oder auch Wirtschaftspädagogik an der HU Berlin
• *Was macht man?*
Die Wirtschaftswissenschaften gliedern sich im Wesentlichen in zwei große Bereiche: Volkswirtschaftslehre (VWL) und Betriebswirtschaftslehre (BWL). Die BWL untersucht Bedingungen, Abläufe, Funktionen und Gestaltungsmöglichkeiten von Betrieben und Unternehmen, die VWL

befasst sich mit den Wechselwirkungen gesamtwirtschaftlicher Zusammenhänge (z. B. deutschlandweit)

- *Was braucht man?*

Interesse an Gesetzen und ihrer Auslegung, systematisches und begriffliches Arbeiten, Interesse an den Bereichen Politik, Sozialstruktur und Wirtschaft, Fähigkeiten wie logisches Denken, Optimieren (verbessern, anpassen), allgemeiner Umgang mit Information und Menschen

- *Arbeitsgebiete?*

Bereich Rechtswissenschaft/Jura: Richter, Rechtsanwälte, Staatsanwälte, im Notariatswesen, öffentlichen Verwaltungen, aber auch Wirtschaft (z. B. Banken, Versicherungen, große Industrie- und Handelsunternehmen)
Bereich Wirtschaftsinformatik: in nahezu allen wirtschaftlichen Bereichen (EDV, verarbeitendes und produzierendes Gewerbe, Banken, Versicherungen, Dienstleistungsbranche etc.)
Wirtschaft: innerhalb der BWL in größeren und mittleren Betrieben, Banken, Versicherungen etc.; innerhalb der VWL in der Wirtschaftspolitik, Wirtschaftsplanung, Berufsbildungsplanung etc.

- Der Frauenanteil liegt zwischen 69 % (Rechtspflege/FH) und 31 % (VWL).

✗ ***Fächergruppe Gesellschafts- und Sozialwissenschaften***

Pädagogik/Erziehungswissenschaften, Politikwissenschaften/Politologie, Psychologie, Religionspädagogik, Sozialarbeit, Sozialpädagogik, Sozialwesen, Sozialwissenschaften, Soziologie, Sport, evangelische oder katholische Theologie (Theologische Hochschulen/Bildungseinrichtungen, auch von Freikirchen)

- *Was braucht man?*

Großes Interesse an Menschen sowie an deren sozialen, wirtschaftlichen und individuellen Lebenslagen. Fähigkeiten wie analytisches Denkvermögen, je nach Schwerpunkt Freude an Forschung oder eher praktisch-anleitende Funktion, Allgemeinbildung, Kontaktfreudigkeit und -fähigkeit, Einfühlungsvermögen und Geschick im Umgang mit Menschen

- *Arbeitsgebiete?*

Kirchliche Einrichtungen, Bildungseinrichtungen, staatliche Stellen/Organisationen
Hinweis: Die schwierige Finanzlage der potenziellen Arbeitgeber führt zu Engpässen auf dem Arbeitsmarkt. Dennoch werden auch in Zukunft Pädagogen, Theologen, etc. benötigt!

- Der Frauenanteil liegt zwischen 69 % (Psychologie) und 31 % (katholische Theologie).

✗ *Fächergruppe Sprach- und Kulturwissenschaften, Kunst und Gestaltung*
Bibliotheks-, Archiv-, Dokumentationswesen, Germanistik, Geschichtswissenschaften, Gestaltung/Design, Innenarchitektur, Jüdische Studien, Kulturwissenschaften, Bildende Kunst, Kunstgeschichte/Kunstwissenschaft, Medien, Musik, darstellende Kunst, Musikwissenschaft, Klassische oder Neuere Philologie, Philosophie, Publizistik, Journalistik, Sprachwissenschaft/Linguistik, Theaterwissenschaft, Übersetzen und Dolmetschen

- *Was macht man?*

Verstehen, Auslegen und Deuten von sogenannten Kulturleistungen des Menschen wie z. B. Sprache, Literatur, Kunst, Moral, Religion, Philosophie, Institutionen (z. B. Familie, Staat). Es sind daher sowohl eher theoretische (z. B. Beschäftigung mit Sprache auf der Basis von Theorien und Methoden) als auch anwendungsbezogene Studien möglich (z. B. Journalismus, Industrie-, Kommunikations- oder Grafik-Design, Kunst, Kulturmanagement oder Kunsttherapie).

- *Was braucht man?*

Da dies ein enorm vielseitiger Bereich ist, empfehle ich hier dringend die Lektüre des „Studien- und Berufswahl" 1999/2000, Seite 235 ff oder in einer aktuelleren Auflage!

- *Arbeitsgebiete?*

Hier gilt dasselbe!

- Der Frauenanteil liegt zwischen 70 % (Germanistik/Anglistik) und 50 % (Musik).

✗ *Lehrämter*
Lehramt an Grund- und Hauptschulen (Primarstufe und Sekundarstufe I), an Sonderschulen/Lehramt für Sonderpädagogik, an Realschulen (Sekundarstufe I) und an entsprechenden Schulformen, an Gymnasien (Sekundarstufe I und II), an beruflichen Schulen (Sekundarstufe II)

- *Was braucht man?*

Wer Spaß hat, anderen etwas beizubringen, gerne redet und erklärt, ist hier grundsätzlich richtig. Die Frage ist nur, in welchem Rahmen (Altersgruppe, intellektuelle Fähigkeiten der Schüler etc.) man diese Tätigkeiten ausüben will. Außerdem sind Fähigkeiten im Erarbeiten von Konzepten/Unterrichtsstunden, Korrekturarbeiten etc. wichtig. Auch die Arbeit in Gremien (Konferenzen von und mit Lehrern oder Eltern) ist wichtig.

- *Arbeitsgebiete?*

Da dies ein enorm vielseitiger Bereich ist, empfehle ich hier dringend die Lektüre des „Studien- und Berufswahl" 1999/2000, Seite 300 ff oder in einer aktuelleren Auflage!

✗ *Im Ausland studieren*

- *Wann sinnvoll?*

Grundsätzlich kann man heute sagen, dass Auslandserfahrungen immer bereichernd sind. In manchen Studiengängen ist ein Auslandsaufenthalt sowieso vorgesehen (z. B. innerhalb der Wirtschaftswissenschaften mit dem Schwerpunkt *International Business*).

- *Was braucht man?*

Zu einem solchen Schritt gehört schon Mut, denn man weiß nie so ganz genau, wie reibungslos das Auslandsstudium verläuft und ob man sich in dem neuen Land wirklich wohl fühlt. Hier kann man sich aber ganz gut vorab informieren, z. B. über Reisevorbereitungen, BaföG, Förderungsprogramme, Anerkennung von Studienleistungen und Abschlüssen etc.
Einen ersten Einblick gibt auch hier das Buch „Studien- und Berufswahl" 1999/2000 (ab Seite 347) oder siehe eine aktuellere Auflage.

✗ *Ausbildung für den höheren und gehobenen Dienst in der öffentlichen Verwaltung*

- *Was macht man?*

Hier gibt es die Wahl zwischen einer technischen oder einer nichttechnischen Laufbahn. Nach der Ausbildung gibt es vielfältige Aufgaben, zu denen z. B. das Planen und Organisieren, die Sachbearbeitung, elektronische Datenverarbeitung, Beratung und Betreuung (Einwohnermeldeamt etc.) sowie Führungsaufgaben – je nach der gewählten Fachrichtung - und „Höhe" (höherer oder gehobener Dienst!) gehört.

- *Einsatzgebiete?*

Im Allgemeinen Inneren Verwaltungsdienst in den folgenden Bereichen: Archivwesen, Auswärtiger Dienst, Bundesanstalt für Arbeit, Bundesnachrichtendienst, Deutsche Bundesbank, Finanzverwaltung, Justizvollzugsdienst, Rechtspflege, Sozialversicherungen, Verfassungsschutz, Wehrverwaltung, Wetterdienst/Geophysikalischer Beratungsdienst der Bundeswehr, Wissenschaftliche Bibliotheken und Dokumentationsstellen, Polizeiberufe (z. B. Bundesgrenzschutz, Bundeskriminalamt).
Auch eine Offizierslaufbahn bei der Bundeswehr ist möglich.

- *Was braucht man?*

Ein direkter Einstieg ist nur in den gehobenen nichttechnischen Dienst möglich. Grundsätzlich muss man aber bei allen Verwaltungsdiensten einen dreijährigen Vorbereitungsdienst ableisten.

- *Was lernt man?*

Staats- und verfassungsrechtliche Grundlagen des Verwaltungshandels, allgemeine rechtliche Grundlagen der Aufgabenerfüllung, Volkswirtschaftslehre, Finanzwissenschaft. Darüber hinaus wird fachrichtungsbezogen ausgebildet (Studium an entsprechenden Hochschulen und Praktika von 18-monatiger Dauer).

• *Wo gibt's Informationen?*
Einmal natürlich im „Studien- und Berufswahl" 1999/2000 (ab Seite 369) oder in einer aktuelleren Auflage, beim Arbeitsamt und den jeweiligen Vertrauensleuten/Landesbeauftragten der Bundes- und Landesbehörden.

✗ ***Studium im Praxisverbund***
• *Was macht man?*
Bestimmte Fachhochschulen und teilweise auch Universitäten bieten die Möglichkeit an, Studium und eine betriebliche Ausbildung miteinander zu verbinden. Insgesamt werden einem hier gute Berufsaussichten angekündigt. Warum, liegt auf der Hand: Berufspraxis von Anfang an! Außerdem gibt es noch einen Vorteil: Für den betrieblichen Ausbildungsteil erhält man eine Vergütung (Bares!).
• *Was braucht man?*
Hochschul- bzw. Fachhochschulreife. Teilweise ist auch ein abgeschlossener Ausbildungsvertrag nötig. Zudem muss man sich auf harte Arbeit einstellen, die sich aber lohnen wird! Die Schlagworte sind hier „Mobilität" und „Flexibilität" – im Klartext heißt das: wechselnde Orte, an denen du schwerpunktmaßig tätig bist, was auch schon mal einen Umzug mit sich bringen kann. Semesterferien gibt es auch nicht, nur „ganz normalen Urlaub" – schon mal ein Vorgeschmack auf die Arbeitswelt! In der studienfreien Zeit bist du beispielsweise mit einem Praktikum beschäftigt.
• *Studien- und Arbeitsgebiete?*
Betriebswirtschaft, Kooperative Ingenieurausbildung, Maschinenbau im Praxisverbund, Luftfahrsystemtechnik und Management, Wirtschaftsinformatik, Versorgungstechnik und vieles andere mehr.
• *Wo gibt's Informationen?*
Einmal natürlich im „Studien- und Berufswahl" 1999/2000 (ab Seite 398) oder in einer aktuelleren Auflage, beim Arbeitsamt und den Fachhochschulen und Universitäten. Außerdem gibt es mittlerweile jede Menge Bücher auf dem freien Markt, durch die du dich über einen bestimmten Bereich informieren kannst. Einfach im Buchhandel nachfragen!

Studienmöglichkeiten an deutschen Fachhochschulen
Wenn du ein Fachabi (12. Klasse) in der Tasche hast, dann stehen dir viele der oben genannten Studienmöglichkeiten an den so genannten Fachhochschulen zur Verfügung. Ein Fachabitur kann man übrigens auch an speziellen Schulen erwerben. Ich habe in Dortmund an den Gewerblichen Schulen im Bereich Sozial- und Gesundheitswesen die nötige Fachhochschulreife erworben. Das war nach meiner Berufsausbildung als Diätassistentin innerhalb eines Jahres möglich. Um dann BWL studieren zu können, brauchte ich noch ein sechsmonatiges Praktikum in einem Betrieb.

Wenn man noch keine abgeschlossene Berufsausbildung hat, dann kann man in unterschiedlichen Fachrichtungen innerhalb von zwei Jahren einen solchen Abschluss nachholen. Dazu ist aber in jedem Fall der qualifizierte Realschulabschluss (Fachoberschulreife FOS) nötig.

Wichtig ist für dich zu klären, was in deinem Bundesland für Möglichkeiten bestehen, denn da gibt es (ziemlich große) Unterschiede.

Bildungswege außerhalb der Hochschule (Berufsakademien)

- ✗ Diplom-BetriebswirtIn (BA)
- ✗ BetriebswirtIn (BA), (WA), (ASW)
- ✗ Diplom-IngenieurIn (BA)
- ✗ Diplom-SozialpädagogIn (BA)
- ✗ WirtschaftsinformatikerIn (BA)
- ✗ WirtschaftsingenieurIn (BA)
- ✗ Technische/r BetriebswirtIn (BA)

Anerkannte Ausbildungsberufe

Wenn dir schon klar ist, dass du auf jeden Fall lieber eine Ausbildung machen möchtest, kommt hier eine Auflistung der möglichen Bereiche. Manche der aufgeführten Berufe lassen sich sicher auch mehreren Bereichen zuordnen, deswegen auch hier: Schau dir alles ganz in Ruhe an. Wir konnten hier übrigens unmöglich alle bestehenden Ausbildungsberufe aufführen (es gibt derzeit 355 anerkannte Ausbildungsberufe!).

> Es entstehen immer wieder neue Berufsbilder und Ausbildungsmöglichkeiten. Daher frag einfach beim Arbeitsamt oder der Industrie- und Handelskammer nach neuen beziehungsweise weiteren Berufen in den jeweiligen Bereichen.

Du ahnst kaum, wie viele Bücher und Informationsschriften es heute zu diesem Thema gibt! Ich muss zugeben: Das Ganze kann schon auch verwirrend sein. Zu empfehlen sind z. B. die Bücher vom BW *for young* (Bildung und Wissen Verlag Nürnberg). Gleich mehrere Reihen werden angeboten:

- ✗ Alternativen zu meinem Wunschberuf . . .
  (z. B. Neue Medien und Multimedia)
- ✗ Berufe mit ... (z. B. Deutsch/ ... Mathe etc.)
- ✗ Berufs-Chancen-Check (z. B. Wissen Sie, dass Sie mit einer Ausbildung als Reiseverkehrskaufmann/-frau 160 Berufe wählen?)

Markier beim Durchlesen einfach erst mal, was dich interessiert und besorg dir im **BiZ** (Berufsinformationszentrum des Arbeitsamts) oder über einen Berufsberater weiteres Material. Außerdem kannst du auch in dem bereits erwähnten Buch „Beruf aktuell“ schmökern und mit der dort extra für dich vorbereiteten Antwortkarte zur Anforderung von Berufsblättern mehr über deine erste Auswahl erfahren. Diese weiteren Informationen sind sogar sehr wichtig, weil du nur mit ihnen anhand deiner „Puzzleteile“ feststellen kannst, ob dir dieser Beruf wirklich Spaß machen kann und du dafür geeignet bist.

Wir haben jetzt einfach auf das Standardwerk „Beruf aktuell“ 1999/2000 von der Bundesanstalt für Arbeit zurückgegriffen. Das gibt's beim Arbeitsamt und wird in den Schulen ab der 9. Klasse verteilt. Frag bei deinem Klassenlehrer nach, falls du es noch nicht hast.

Hier bieten sich zwei Möglichkeiten an, wie du mehr über dich und diese Berufe erfahren kannst:

Einteilung nach hauptsächlichen Tätigkeitsfeldern:

Kreuze alles an, was dich interessiert und zu deinen Fähigkeiten auf den Seiten 76/77 passt und lies in „Beruf aktuell“ nach, oder hole dir direkt beim Arbeitsamt weitere Informationen, z. B. im BiZ oder beim Berufsberater.

❑ Material verarbeiten (Fachrichtungen Metall, Mineralien und Gesteine, tierische und pflanzliche Grundstoffe, verschiedene Materialien)
❑ Zusammenbauen, Montieren (Fachrichtungen Metall, Elektrotechnik/Elektronik, Mineralien, Gesteine und andere Baustoffe, Holz, Textilien/Leder, verschiedene Materialien)
❑ Gestalten (Fachrichtungen Metall, Mineralien und Gesteine, Holz, Textilien/Leder, verschiedene Materialien)
❑ Bedienen und Überwachen von Maschinen und Anlagen
❑ Bebauen und Züchten (Fachrichtungen Land- und Forstwirtschaft, Garten- und Weinbau, Tierhaltung, Tierzucht und Tierpflege)
❑ Untersuchen und Messen (physikalischer und chemisch-biologischer Bereich)
❑ Zeichnen und Reproduzieren
❑ Bedienen und Beraten (Bereiche: Verkaufen und Kunden beraten, Service – Gäste bedienen, Organisieren und Beraten)
❑ Wirtschaften (Kaufleute im Handel, in Hotels, bei Banken, Verlagen und Versicherungen, im Bereich Reise und Verkehr, in der Industrie, der Werbung und Datenverarbeitung)
❑ Verwalten (Angestellte im öffentlichen Dienst, Fachleute im Medien- und Informationsdienst, Fachleute im Büro, Angestellte im Gesundheitsdienst, Fachleute im Lager)
❑ Sichern, in Ordnung halten (Verkehrsberufe, Überwachungs-, Reinigungs- und Wartungsberufe)
❑ Versorgen und Betreuen (Hauswirtschaft und Gastgewerbe)

Einteilung nach Tätigkeitsbereichen (auch hier wieder alles ankreuzen, was irgendwie interessant klingt, und Infos besorgen!):

✗ ***Naturwissenschaftlicher und technischer Bereich***

(ein riesengroßer Bereich mit fast unendlichen Möglichkeiten! HALLO MÄDCHEN UND JUNGE DAMEN: nicht gleich überspringen, denn wer sagt denn, dass du hier nicht fündig wirst? Bist du dir wirklich sicher, dass in diesem großen Feld absolut nichts für dich dabei ist!? Ich ehrlich gesagt nicht!!)

Worum geht's und was braucht man?

Hier geht es einerseits um die Entwicklung und Erforschung neuer Techniken, Verfahren, Materialien und andererseits um die Bedienung und Wartung technischer Geräte und Einrichtungen.

Hier braucht man/frau mit Sicherheit gewissenhafte Tendenzen, was die Persönlichkeitsstärken angeht. Wenn du auf Seite 78 viel im Kästchen „Gewissenhaft" stehen hast, dann kannst du dich hier so richtig austoben!

Dies geht

❏ als technische/r AssistentIn in den unterschiedlichsten Fachgebieten (physikalisch-technisch, elektrotechnisch, im medizinischen Bereich, in der Bautechnik, Metallografie, Industrietechnologie, Lebensmitteltechnik, im biologisch-technischen Bereich, im Umweltschutz, im tierärztlichen Bereich, in der Textiltechnik und anderes mehr)

❏ in technischen Berufen bei Funk, Film und Fernsehen (Bild-, Fernseh- und TontechnikerIn. ACHTUNG: dieser Bereich wird gerade neu geordnet, daher gibt es hier zur Zeit keine genaueren Angaben. Nachfragen, wie es aktuell aussieht, bei ... na ja, ich glaube, mittlerweile weißt du, wo, oder?!; Kamera-AssistentIn, Kameramann/Kamerafrau, AssistentIn für Medientechnik, MediengestalterIn für Bild und Ton, CutterIn/Film- und Videoeditor)

❏ als TechnikerIn des Maschinenwesens, der Elektrotechnik und der Automatisierungstechnik (Bereiche Maschinenbau, Kältetechnik, Heizungs-, Lüftungs- und Klimatechnik, Sanitärtechnik, Karosserie- und Fahrzeugbautechnik, Kraftfahrzeugtechnik, Feinwerktechnik, Mechatronik und anderes mehr)

❏ als TechnikerIn des Bau- und Vermessungswesens und der Geologie

❏ als TechnikerIn im Bergbau, in Hütten und Gießereien (ich denke, in diesem Bereich ist in Deutschland nicht mehr so wahnsinnig viel los, aber wenn du z. B. in die Entwicklungshilfe willst, kann es trotzdem interessant sein, sich hier mal näher zu informieren. Außerdem gehört hierzu auch die Bohr- und Fördertechnik von Öl etc.)

❏ als TechnikerIn Chemie, Physik, Biologie, Medizin und Umweltschutz

- ❑ als TechnikerIn in den Bereichen Holz, Farbe, Lack, Kunststoff, Papier, Druck, Stein, Glas, Keramik, Textil, Bekleidung, Leder
- ❑ als LebensmitteltechnikerIn und TechnikerIn im Land-, Garten- und Weinbau sowie in der Milchwirtschaft
- ❑ als TechnikerIn sonstiger Fachrichtungen (Betriebsinformatik, Betriebswissenschaft, im Eisenbahnbetrieb, Leiterplatten, Galvanotechnik, Korrosionsschutz, Museums- und Ausstellungstechnik, staatlich geprüfte/r Hauswart/Wirtin)

✗ ***Gesundheitswesen***

Worum geht's und was braucht man?

Wenn du gerne Kranken und Gesunden helfen willst, Menschen gerne pflegst, behandelst und versorgst, dann bist du hier genau richtig. Wenn du zudem noch kreative Interessen hast (Musik, Kunst etc.), findest du hier mit Sicherheit einen guten Beruf!!

Du brauchst außerdem eine konstante Lernbereitschaft, weil es beständig neue Erkenntnisse in diesem Bereich gibt. Hinzu kommt das Interesse an medizinischen und naturwissenschaftlichen Fragen (Biologie, Chemie, Physik). Darüber hinaus spielen hier teilweise eine Vielzahl an technischen Geräten eine Rolle. Die müssen bedient und gewartet/gereinigt werden.

Logisch, dass du gerne mit Menschen zu tun haben möchtest, wenn du bei Persönlichkeit unter „Initiativ" und „Stetig" viel stehen hast (S. 80). Für reinrassige stetige Typen hingegen kann der ständige Wechsel von Menschen etwas anstrengend sein. Darauf solltest du dich einstellen können.

Meist reicht ein Realschulabschluss aus.

Berufe:

Krankenschwester/Krankenpfleger, Kinderkrankenschwester/Kinderkrankenpfleger

Operationstechnische/r AssistentIn, KrankenpflegehelferIn, RettungsassistentIn

Hebamme/Entbindungshelfer, HeilpraktikerIn, PhysiotherapeutIn, MasseurIn und medizinische/r BademeisterIn, ErgotherapeutIn (Beschäftigungs- und ArbeitstherapeutIn), MothopädIn (hier arbeitet man mit wahrnehmungs- und bewegungsgestörten Menschen), LogopädIn, SprachtherapeutIn, OrthoptistIn (unterstützen den Augenarzt!), Diplom-MusiktherapeutIn, Diplom-KunsttherapeutIn, DiätassistentIn (hier geht es um die Essensplanung und -zubereitung für Menschen, die spezielle Nahrungsmittel oder deren Bestandteile meiden müssen), AssistentIn in der Ernährungsberatung, AssistentIn im Gesundheits- und Sozialwesen, KosmetikerIn (keine einheitliche Ausbildung, private Schulen sind kostenpflichtig!), medizinischer/r FußpflegerIn

✗ *Sozialer Bereich*

Worum geht's und was braucht man?

Dieser Bereich ist sehr weit gefasst. Es gibt also eine Fülle von verschiedenen Bereichen.

Fähigkeiten: Dienen, Nachempfinden, Mitleiden, Kommunizieren, Überzeugen, Beraten, Behandeln, Verwalten, Bewerten, Organisieren, Verbessern, Anpassen, Fähigkeiten im kreativen Bereich etc. (sehr unterschiedlich, besonders auch im Hinblick darauf, wie man sich spezialisieren will). Außerdem muss man mit gesetzlichen Vorschriften umgehen können. Von der Persönlichkeit her braucht man Einfühlungsvermögen, Kontaktfähigkeit, Verantwortungsbewusstsein, Geduld, Verständnis.

Die Zugangsvoraussetzungen sind je nach Bundesland sehr unterschiedlich. Bitte selbst erkundigen!

Berufe:

ErzieherIn, KinderpflegerIn, SozialassistentIn, HeilpädagogIn, AltenpflegerIn, AltenpflegehelferIn, ArbeitserzieherIn, HeilerzieherIn, HeilerziehungshelferIn, SozialbetreuerIn, Fachkraft für Hauswirtschaft und Sozialpflege

✗ *Hauswirtschaftlicher Bereich*

Worum geht's und was braucht man?

Fähigkeiten: Leiten, Planen, Beraten, Kochen, Backen, Organisieren etc. Persönlichkeit: Einfühlungsvermögen, körperliche Belastbarkeit, Geduld

Berufe:

Städtische/r HauswirtschaftsleiterIn, ländliche/r HauswirtschaftsleiterIn, WirtschafterIn, HauswirtschaftsassistentIn, HauswirtschaftshelferIn, HauswirtschafterIn, DorfhelferIn, FamilienpflegerIn, AssistentIn in der Systemgastronomie

✗ *Pädagogischer Bereich*

Worum geht's und was braucht man?

Hier geht es hauptsächlich darum, anderen Menschen Lehrinhalte zu vermitteln (Kindern, Jugendlichen, Erwachsenen).

Entsprechende Fähigkeiten: Lehren, Unterrichten, Anleiten, Beobachten, Forschen, Kommunizieren/Erklären, Konzepte entwickeln, Strukturieren, kreative Fähigkeiten etc.

Persönlichkeit: menschliches Verständnis, Einfühlungsvermögen, Verantwortungsbewusstsein

Berufe:

FachlehrerIn (z. B. für Hauswirtschaft, Textil, Werken, Textverarbeitung etc.) an allgemeinbildenden Schulen (Nicht: Lehramt! Das ist nur mit Studium möglich), LehrerIn für Fachpraxis an beruflichen Schulen, FörderlehrerIn (nur in Bayern!). Lehrkräfte in freien Berufen (selbständig): SportlehrerIn, TanzlehrerIn, GymnastiklehrerIn, MusikschullehrerIn, Diplom-LehrerIn für rhythmisch-musikalische Erziehung, Atem-, Sprech- und StimmlehrerIn

✗ *Kaufmännischer Bereich*

Da es hier eine Fülle von Weiterbildungsmöglichkeiten und höheren Ausbildungsgängen gibt (nach bereits abgeschlossener Berufsausbildung), wollen wir hier nur die nennen, die auch direkt nach der Schule begonnen werden können.

Worum geht's und was braucht man?

Fähigkeiten: Bedienen, Beraten, Verwalten, Kalkulieren, Organisieren, Verhandeln, Kommunizieren, Planen, Logisches Denken etc.

Persönlichkeit: Hier geht es in der Hauptsache darum, Informationen und Menschen miteinander zu verbinden. Daher kann auch kaum genau gesagt werden, welche Persönlichkeitsmerkmale besonders hervorstechend benötigt werden.

Berufe:

LogistikerIn (arbeiten in Güterverkehrszentren, wickeln Gütertransporte ab), staatlich geprüfte/r AssistentIn für das Hotel-, Gaststätten- und Fremdenverkehrsgewerbe, Kaufmännische/r AssistentIn, WirtschaftsassistentIn, Geprüfte/r PharmareferentIn, FremdsprachenkorrespondentIn, Geprüfte/r SekretärIn, FremdsprachensekretärIn, SekretärIn im Gesundheitswesen, Dolmetscherin/Übersetzerin

✗ *Datenverarbeitung*

Worum geht's und was braucht man?

Dies sind Spezialberufe. Man arbeitet nicht einfach nur mit Computerprogrammen (Anwender), sondern man stellt beispielsweise Computer her, liefert sie aus, schließt sie an, erklärt anderen, wie sie funktionieren, betreut bei Schwierigkeiten etc.

Die gestiegenen Anforderungen in diesem Bereich erfordern mindestens die mittlere Reife, häufig die Fachhochschulreife bzw. das Abitur.

Berufe:

Mathematisch-technische/r AssistentIn (vor allem in der Forschung, Planung und Entwicklung von Software), Technische/r AssistentIn Informatik (u. a. Programmierung), WirtschaftsassistentIn Informatik (Koordinieren, Organisieren, Verwalten; sind auch Ansprechpartner und Trainer für die MitarbeiterInnen, die mit Computern arbeiten), Informations- und

Telekommunikationssystemkaufmann/-frau, Informatikkaufmann/-frau, AssistentIn für Automatisierungs- und Computertechnik, Datentechnische/r AssistentIn, Informationstechnische/r AssistentIn und viele andere Assistentenberufe

✗ ***Behördendienst***

Worum geht's und was braucht man?

Hier beschreitest du die so genannte Beamtenlaufbahn. Die Varianten sind

✗ Einfacher Dienst
✗ Mittlerer Dienst
✗ Gehobener Dienst
✗ Höherer Dienst

Es versteht sich von selbst: Je höher der Dienst, desto höher auch die Zugangsbedingungen.

Fähigkeiten: sehr viele im Bereich „Information", z. B. entscheiden oder Entscheidungen durch Informationssammlung vorbereiten, verwalten, prüfen, beaufsichtigen, beraten.

Persönlichkeit: Gewissenhafte Stärken sind in diesem Bereich schon sinnvoll. Wer gerne Anweisungen, Richtlinien und Normen befolgt, der ist hier genau richtig. Wenn du im mittleren, gehobenen und höheren Dienst einsteigst, dann wirst du auch Verantwortung für Menschen, die mit und für dich arbeiten, tragen.

Berufe:

Einfacher und mittlerer nichttechnischer Dienst, mittlerer technischer Dienst, gehobener nichttechnischer Dienst, gehobener technischer Dienst

Bereiche:

✗ Allgemeine und Innere Verwaltung bei Bund und Ländern
✗ Finanz- und Steuerverwaltung
✗ Deutsche Bundesbank
✗ Auswärtiger Dienst
✗ Bundesnachrichtendienst
✗ Kommunalverwaltung
✗ Feuerwehr
✗ Bundesanstalt für Arbeit
✗ Sozialversicherung
✗ Justizdienst
✗ Justizvollzugsdienst
✗ Polizeidienst
✗ Forstdienst

- ✗ Flurbereinigungsdienst
- ✗ Wasser- und Schifffahrtsverwaltung
- ✗ Wetterdienst
- ✗ Bergverwaltung
- ✗ Archive, Bibliotheken, Dokumentationsstellen und Museen

✗ ***Verkehrswesen***

Worum geht's?

Per Bahn, Luft und Seeschifffahrt werden Personen und Güter befördert. Hier werden Mitarbeiter für technische und kaufmännische Funktionen sowie im Bereich Service und Sicherheit ausgebildet.

✗ ***Bundeswehr***

Worum geht's?

Hier unterscheidet man die Streitkräfte (dienen der Verteidigung) und die Wehrverwaltung.

- ✗ Berufe bei den Streitkräften (Offiziere, Unteroffiziere)
- ✗ Berufe in der Wehrverwaltung des Bundes (Beamtenlaufbahn)

✗ ***Künstlerischer und gestalterischer Bereich***

Worum geht's?

Auch hier kann man im Wesentlichen zwei Bereiche unterscheiden:

- ❑ Bildende Künste (z. B. MalerIn, BildhauerIn, BühnenbildnerIn, KostümbildnerIn, MaskenbildnerIn, DesignerIn z. B. Grafik, Foto oder Multimedia, Formen- bzw. DekorentwerferIn, GestalterIn in den Bereichen Keramik, Glas und andere Materialien, SpielzeuggestalterIn, InnenarchitektIn, AssistentIn für Innenarchitektur etc.)
- ❑ Reproduzierende Künste (z. B. SängerIn, SchauspielerIn, RegisseurIn, InstrumentalmusikerIn, KirchenmusikerIn, DirigentIn, TänzerIn, RequisiteurIn, RestaurateurIn etc.)

Außerdem gibt es technisch-gestaltende Berufe (z. B. Bekleidungstechnische/r AssistentIn)

Im Allgemeinen werden von den Ausbildungsinstituten Aufnahmeprüfungen durchgeführt oder Arbeitsproben verlangt. Zugangsvoraussetzungen sind sehr unterschiedlich, die Fachakademien verlangen in der Regel den Realschul- bzw. einen vergleichbaren Abschluss. Diplomstudiengänge erfordern immer mindestens die Fachhochschulreife.

✗ ***Journalistischer Bereich***

Worum geht's und was braucht man?

Fähigkeiten: Schreiben, Bearbeiten bzw. Aufbereiten von Texten/eingehenden Nachrichten, Kommunizieren, Organisieren, Planen, Forschen etc.

Persönlichkeit: Gewissenhaftigkeit (im Recherchieren/Forschen), Kontaktfähigkeit, Kooperationsfähigkeit, Flexibilität, Geduld, Beharrlichkeit

Hier gibt es weder geregelte Zugangsvoraussetzungen noch Ausbildungswege. Neben dem Studium der Journalistik oder der Ausbildung an einer Journalistenschule kann man über ein sogenanntes Volontariat – eine Art Praktikum, freiwillige Mitarbeit und interne Ausbildung – in den Beruf (häufigster Weg) einsteigen.

Berufe:
- ✗ RedakteurIn
- ✗ ReporterIn
- ✗ KorrespondentIn
- ✗ BildjournalistIn

Bereiche:
- ✗ Hörfunk und Fernsehen
- ✗ Zeitschriften
- ✗ Pressestellen
- ✗ Öffentlichkeitsarbeit, z. B. in politischen Parteien, Gewerkschaften, Großbetrieben

✗ ***Nachwuchskräfte bei der Deutschen Bahn AG und sonstigen Bahnen***

✗ ***Nachwuchskräfte bei der Deutschen Telekom AG, Deutsche Post AG und der Deutschen Postbank AG***

✗ ***Sonstige Dienste***

Entwicklungsdienst, Helfer im Zivil-(Katastrophen-)schutz, Dienste im Ausland u. v. m.

Um mehr über einzelne Ausbildungsberufe zu erfahren, kannst du auch im **Internet** surfen. Ein Service des Bundesinstituts für Berufsbildung steht für dich unter **www.bibb.de** zur Verfügung. Dort kannst du zum Beispiel Kurzprofile von Berufen aufrufen, die dich interessieren! Das Arbeitsamt bietet unter **www.arbeitsamt.de** jede Menge Informationen an. Unter **www.berufsbildung.de** kannst du eine aktuelle Übersicht der lieferbaren „Blätter zur Berufskunde“ aufrufen. Für die Schweiz bekommst du Infos unter **www.w-a-b.ch** oder auch unter **www.bwLuzern.ch.** Österreicher werden fündig bei **www2.jobsadverts.at** und **www.schule.at/home.** Länderübergreifend arbeitet **www.berufsbilder.com.**

Nach dieser schon recht beeindruckenden Fülle an Möglichkeiten gibt es noch eine weitere sehr sinnvolle Möglichkeit: Ein Besuch im BIZ! Davon gibt's inzwischen etwa 200 in Deutschland und dort kannst du dir jede Menge aktuelle Informationen zum Thema Berufswahl holen. Zum Beispiel kannst du einen Computer mit deinen Fähigkeiten, deinen Begabungen und Vorstellungen „füttern", der dann im Gegenzug einige Berufsvorschläge „ausspuckt". Die Schweiz hat übrigens auch ein BiZ (Winkelriedstraße 35, Luzern). Über die BWB (Berufs- und Weiterbildungsberatung) kannst du dich dort anmelden. Außerdem gibt's eine Bildungs-Hotline (Tel. 0 41-2 28 63 70), einen Lehrstellen-Nachweis (LENA) mit allen offenen Ausbildungsplätzen sowie die Möglichkeit einer persönlichen Laufbahnberatung. All das kriegst du, wenn du folgende Nummern wählst:

0 41/2 28 52 38 (BWB Luzern)
0 41/8 10 35 10 (BWB Seetal)
0 41/4 90 10 15 (BWB Entlebuch)
0 41/9 21 32 40 (BWB Sursee)
0 41/9 70 19 20 (BWB Willisau)

Um besser vorbereitet dort hinzugehen und wirklich das meiste für dich herausholen zu können, hier ein paar Tipps zur Nutzung dieses echt sinnvollen Services des Arbeitsamts:

3. Tipps zur Nutzung des BerufsinformationsZentrums (BiZ):

Wichtig: Nicht jedes BiZ scheint schon total modern bestückt zu sein. Erkundige dich also vorher nach den Nutzungsmöglichkeiten, Computern usw.!

Der Computer, wenn vorhanden, bietet insgesamt sechs verschiedene Möglichkeiten:

1. Interessen – Ausbildung/Beruf
2. Interessen – Studium und Beruf
3. Berufe im Überblick (Suche über Berufsbezeichnungen, Auflistung der mit diesem Berufsbild verbundenen Interessenbereiche)
4. Bewerbung um einen Ausbildungsplatz
5. Bewerbung um eine Arbeitsstelle
6. Berufsausbildungsbeihilfe (nur, wenn du nicht mehr bei deinen Eltern wohnst) unter „Studienberufe".

Zu 1: *Ausbildungsberufe*
Es gibt zwei Möglichkeiten: Entweder, du hast schon konkrete Berufswünsche; dann kannst du über die Berufsbezeichnung direkt diesen Beruf anschauen. Oder aber du wählst die Alternative: „Noch keinen konkreten Berufswunsch". Dann kannst du bis zu 17 Interessengebiete auswählen und folgendermaßen bewerten:
1 = das ist mir sehr wichtig/das möchte ich sehr gerne machen (doppelte Bewertung)

2 = das ist mir wichtig/das möchte ich gerne machen (einfache Bewertung)
3 = das ist nicht wichtig/möchte ich nicht machen (einfache Bewertung)
4 = darauf lege ich gar keinen Wert/das möchte ich auf keinen Fall (doppelte Bewertung).

Ich habe mal ein bisschen mit meinen eigenen Interessengebieten experimentiert und das Ding so ausgefüllt:

Die Gebiete:	Sehr wichtig	Wichtig	Nicht wichtig	Auf keinen Fall
im Freien arbeiten				XX
mit Pflanzen und Tieren umgehen			X	
körperlich tätig sein			X	
gestalterisch arbeiten		X		
handwerklich arbeiten				XX
auf technischem Gebiet arbeiten				XX
im Büro arbeiten	XX			
anderen helfen		X		
verkaufen, kaufen				XX
saubere Arbeit		X		
Maschinen zusammenbauen, reparieren				XX
Produktionsanlagen überwachen				XX
mit Metall umgehen				XX
mit Elektronik/Elektrizität umgehen				XX
mit Baumaterial umgehen				XX
im Labor arbeiten			X	

Es empfiehlt sich, eher zu den Extremen zu tendieren. Du kannst dann zuerst einmal schauen, was dabei herauskommt. Anschließend gehst du mit der F2-Taste zurück und kannst dann deine Bewertung wieder ändern. Wenn du ein paar extreme Bewertungen (1 oder 4) in 2 oder 3 umwandelst, verändert sich auch die Auswahl. Auf diese Weise siehst du etwas deutlicher, welche Kriterien für eine Auswahl von Bedeutung sind.

Bei mir kam auch diesmal wieder (wie schon vor rund 18 Jahren auf dem Papier) der Beruf Diätassistentin in die engere Wahl. Und wie damals wäre das nicht falsch gewesen; allerdings hätte ich erst mal noch mit einigen Leuten reden und mich gründlich über das Berufsbild und mögliche Alternativen informieren sollen. Das Wichtigste ist und bleibt immer, mit Leuten zu reden, die diesen Beruf ausüben, und auch selbst in dem betreffenden Bereich Praktika zu machen. Erst in der Praxis merkst du so richtig, was dir wirklich liegt und was nicht!

Zu 2.: *Studienberufe*
Schon die Vorgehensweise ist anders – scheint fast so, als habe man es hier bewusst komplizierter gemacht –, vielleicht als ersten Test, ob du für ein Studium geeignet bist!

Von den folgenden Schwerpunkten sind diejenigen mit 1–6 zu bewerten, die dich etwas bis sehr interessieren (1 = interessiert mich ein wenig; 6 = interessiert mich total!):

✗ Prüfen, überwachen, kontrollieren
✗ Wirtschaften, ein- und verkaufen
✗ Verhandeln, Interessen vertreten
✗ Verwalten, ordnen
✗ Programmieren
✗ Analysieren, diagnostizieren
✗ Konstruieren, berechnen
✗ Gestalten, entwerfen
✗ Disponieren, koordinieren, planen
✗ Leiten, führen, beurteilen
✗ Erziehen, (aus)bilden
✗ Informieren, publizieren
✗ Künstlerisch tätig sein
✗ Behandeln, betreuen
✗ Beraten
✗ Sichern, erhalten, bewahren
✗ Sammeln, dokumentieren, systematisieren

Ich habe beispielsweise so gewählt und bewertet:

	1	2	3	4	5	6
Verwalten und ordnen				✗		
Disponieren, koordinieren, planen	✗					
Leiten, führen, beurteilen						✗
Erziehen, (aus)bilden						✗
Informieren, publizieren						✗

. . . und heraus kamen so interessante Vorschläge wie
- Professorin an Hochschulen (das interessiert mich wirklich sehr!)
- Pädagogin
- Lehrerin an Sonderschulen
- ev. oder kath. Theologin
- Pastorin
- Personaltrainerin, Ausbilderin (das mache ich ja schon und es macht mir sehr viel Spaß)
- Grundschullehrerin
- Berufsschullehrerin (kann ich mir auch vorstellen)
- Lehrerin Sek I und Sek II (was mich grundsätzlich auch reizen könnte)

Fazit: Die Trefferquote ist recht hoch.

Toll finde ich hier die Möglichkeit, das entsprechende Berufsbild aufzurufen und mit einer so genannten Expertenmeinung zu vergleichen. Das sieht dann beispielsweise bei der Hochschulprofessorin so aus:

	1	2	3	4	5	6
Verwalten und ordnen			✗	@		
Disponieren, koordinieren, planen	@			✗		
Leiten, führen, beurteilen					✗	@
Erziehen, (aus)bilden					✗	@
Informieren, publizieren						✗@
Beraten				✗	@	

@ Selbsteinschätzung meiner Interessen
✗ Experteneinschätzung der Schwerpunkte in diesem Berufsbild
Das ist dann sozusagen wie ein erstes Experten-Interview!

Zusammenfassend ein paar Tipps, die das bestmögliche Ergebnis bringen können:

1. Du solltest deine Hausaufgaben gemacht haben (Fähigkeiten und Persönlichkeitsstärken helfen bei der Interesseneinschätzung).
2. Du solltest eine erste Auswahl an möglichen Berufen oder Berufsfeldern für die Schlagwortsuche/Berufsbilddarstellung getroffen haben.
3. Ausreichend Zeit einplanen (ca. 2 Stunden)!
4. Vorher anrufen, wann die besten Chancen auf einen freien Computer bestehen!

5. Vor Ort prüfen, ob der zum Computer gehörige Drucker auch bereit ist (fehlt vielleicht Papier oder Druckertinte?). Sonst kannst du deine Ergebnisse nur abschreiben und das könnte sehr viel Arbeit bedeuten!
6. Die entsprechenden Bücher und Infoschriften vor Ort als zusätzliche Quelle nutzen.
7. Etwas zum Schreiben und eine ausreichend große Tasche für die Infos mitbringen.

Was sonst noch wichtig ist

Scheu dich nicht, deine auftauchenden Fragen an die im BiZ anwesenden Mitarbeiter zu stellen. Dazu sind sie schließlich da. Aber denk dran, dass auch diese Leute nur Menschen sind und die Arbeitsumstände teilweise schon sehr starke Nerven fordern. Sei freundlich, aber bestimmt – das ist eine gute Mischung.

Folgender Hinweis steht unter den jeweiligen Informationen: „Das Programm zieht einen Vergleich zwischen den Merkmalen des Berufs und Ihren eingegebenen Interessen. Es kann aber keine Aussage darüber treffen, ob Sie (tatsächlich) für diesen Beruf geeignet sind. Informieren Sie sich daher weiter über die Anforderungen, Aufgaben und Tätigkeiten." Und genau das kann ich nur unterstreichen!

Berufe/Ausbildungswege/Studiengänge, die mich interessieren:

3.3 Beschreibe und male

Michaela Kast

Ich habe in den letzten Jahren sehr viele Gespräche mit Menschen geführt, die den Berufseinstieg schon länger hinter sich haben. Für die meisten war es nicht einfach, aber sie haben die ersten Schritte gemacht und so Bewegung in ihr Leben gebracht. Im Nachhinein sieht man dann schon so einiges, was man hätte besser machen können, aber wichtig war eigentlich bei allen Befragten, dass sie nicht einfach untätig geblieben sind.

Ich finde einen Vergleich mit einem Auto hier sehr passend. Wer schon einen Führerschein hat, der weiß, dass es sehr mühsam ist, das Lenkrad zu drehen, wenn das Auto steht (was ja in manchen Parklücken schon mal vorkommt). Kann man das Auto aber ein wenig rollen lassen, hat man plötzlich leichtes Spiel.

Es geht also darum, sich in Bewegung zu setzen. Damit du nun nicht einfach nur losrollst, sondern eine *sinnvolle* Richtung einschlägst, hast du schon eine Menge Vorarbeit. Ich finde, dass es an der Zeit ist, dir einmal herzlich zu dem zu gratulieren, was du dir schon erarbeitet hast!

Jetzt nähern wir uns langsam der Entscheidungsfindung. Um eine wirklich *gute* Entscheidung zu treffen, braucht man eigentlich drei Alternativen. Der Sinn und Zweck liegt darin, dass du drei Möglichkeiten besser gegeneinander abwägen kannst als beispielsweise nur zwei. Hast du die Wahl zwischen nur zwei Alternativen, musst du dich in jedem Fall gegen eine entscheiden. *Für* das eine heißt automatisch *gegen* das andere. Hast du drei Alternativen, sieht die Sachen schon etwas angenehmer aus:

Vielleicht bist du jemand, der ganz viele Ideen hat und sich zutraut, alles Mögliche zu werden oder zu machen. Für dich ist es dann ganz wichtig, aus dieser Fülle der Möglichkeiten nur drei in die engere Wahl zu ziehen, denn du kannst schließlich nicht alles gleichzeitig angehen. Was reizt dich am meisten, ist aber gleichzeitig auch realistisch (hast du zum Beispiel den benötigten Schulabschluss)?

Vielleicht bist du aber auch jemand, der eher vorsichtig ist und froh wäre, auch nur eine einzige echte Möglichkeit zu sehen. Für dich ist es wahrscheinlich sinnvoll, gleich mit einem Ratgeber, mit Eltern oder Freunden, Lehrern oder anderen Personen zu sprechen, denen du zutraust, dass sie dir weiterhelfen können.

Drei Alternativen sind sinnvoll, weil es gut sein kann, dass du deinen Plan A zumindest im Moment nicht umsetzen kannst. Wenn du Ausweichmöglichkeiten hast, kannst du dich nicht nur für einen Beruf bewerben, sondern gleich für drei! Wenn dann das eine nicht klappt, dann hast du noch zwei andere Möglichkeiten in der Tasche.

Wie aber kommen wir nun zu diesen drei sinnvollen Alternativen?

Vorgehensweise:

Was wir jetzt vorhaben, lässt sich ganz gut mit folgendem Schaubild erklären:

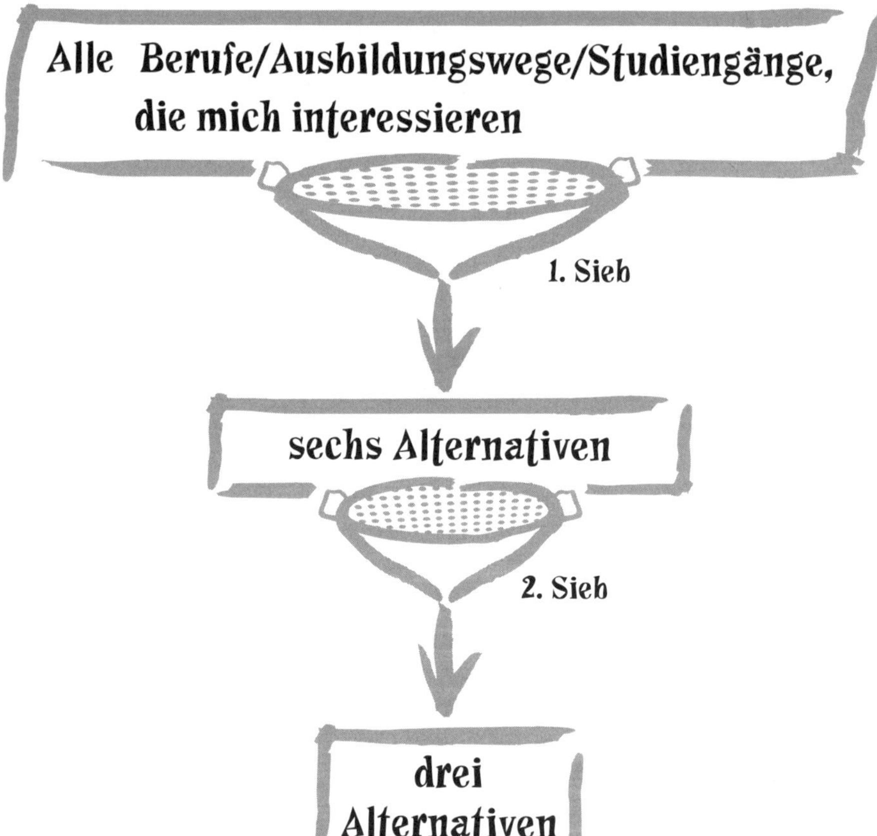

Zum 1. Sieb: *Folgende Fragen sollen dir helfen, die erste Auswahl zu treffen:*

- ✗ Finde ich den Beruf nur „lustig“ oder steckt doch mehr dahinter?
- ✗ Passt dieser Beruf zu meinen Fähigkeiten und zu meiner Persönlichkeit?
- ✗ Wie sieht es aus mit meinem Schulabschluss? Kann ich den Schulabschluss schaffen, der mindestens benötigt wird? (Hier kannst du ruhig mutig sein. Nur wenn die Anforderungen völlig unerreichbar sind für dich, solltest du die Alternative streichen.)

Ausbildung und Schulabschluss
Für welche Ausbildung man welchen Schulabschluss benötigt, erfährst du über das Arbeitsamt und bei der Industrie- und Handelskammer (IHK). Die gibt es in jeder Gemeinde; Adresse und Telefonnummer findest du im örtlichen Telefonbuch. Bei der IHK kannst du übrigens auch ein Programm über Ausbildungsberufe bestellen (kostenlos). Es heißt „Schüler". Außerdem gibt es verschiedene CD-Roms bei der Handwerkskammer zu bestellen (im Internet unter www. Handwerk-nrw.de oder beim Westdeutschen Handwerkskammertag, Sternwartstr. 27-29, 40223 Düsseldorf).

Eine jüngst veröffentlichte Studie der Bundesanstalt für Arbeit (nachzulesen u. a. in **Stern** Start 2/98, S. 58-61) hat Folgendes ergeben:

Ausbildungsplatz am ehesten mit Abitur (insgesamt 14 Berufe):
- ✗ Industriekaufmann/-kauffrau
- ✗ Bankkaufmann/-kauffrau
- ✗ Groß- und Außenhandelskaufmann/-kauffrau
- ✗ BauzeichnerIn
- ✗ Reiseverkehrskaufmann/-kauffrau
- ✗ Werbekaufmann/-kauffrau
- ✗ GoldschmiedIn
- ✗ FotografIn
- ✗ weitere kaufmännische Berufe

Ausbildungsplatz am ehesten mit Realschulabschluss (insgesamt 44 Berufe, daher nur die gefragtesten):
- ✗ Bürokaufmann/-kauffrau
- ✗ ArzthelferIn
- ✗ ElektroinstallateurIn
- ✗ Verwaltungsfachangestellte/r
- ✗ Rechtsanwalts- und Notarsangestellte/r
- ✗ ZahnarzthelferIn
- ✗ Informations- und TelekommunikationselektronikerIn
- ✗ Restaurantfachmann/-fachfrau
- ✗ ZahntechnikerIn
- ✗ Technische/r ZeichnerIn

Ausbildungsplatz am ehesten mit Hauptschulabschluss (insgesamt 42 Berufe, daher nur die gefragtesten):
- ✗ Kfz-MechanikerIn
- ✗ MalerIn und LackiererIn
- ✗ FrisörIn
- ✗ MaurerIn
- ✗ VerkäuferIn

- ✗ MetallbauerIn
- ✗ BäckerIn
- ✗ Gas- und WasserinstallateurIn
- ✗ HauswirtschafterIn
- ✗ Fliesen-, Platten- und MosaiklegerIn

Schreibe die sechs Berufe/Ausbildungswege/Studiengänge, die nun in die erste engere Auswahl gekommen/geblieben sind, in die dafür vorgesehenen Kreise.

Beschreibe sie etwas genauer. Was stellst du dir vor? Vielleicht malst du auch ein Bild pro Alternative! Das hilft, sich noch genauer klar zu werden, was man will.

Die erste engere Auswahl:

Zum 2. Sieb: *Wenn du dir die sechs Kreise/Bilder anschaust:*

- ✗ Welche gefallen dir am besten?
- ✗ Kannst du eine Reihenfolge erstellen?
- ✗ Du darfst nur drei übrig behalten: welche sind das? (Wenn du willst, darfst du dir natürlich auch alle sechs genauer anschauen! Es geht eigentlich nur darum, dass du dir die drei aussuchst, über die du nun weitere Informationen einholst – unter anderem beim Arbeitsamt, in der Berufsberatung und ganz wichtig: im EXPERTENGESPRÄCH.

Wie man ein solches Expertengespräch führt, erkläre ich auf Seite 113. Vorher nur noch ein weiterer Hinweis, der helfen kann, die besten drei herauszufinden:

Ausbildung und Zukunftsaussichten

Es wird immer schwieriger, über die Zukunft verlässliche Aussagen zu treffen. Daher sind alle Prognosen, die veröffentlicht werden, erst mal mit Vorsicht zu genießen. Es gibt aber ziemlich sichere Anzeichen dafür, welche Berufe grundsätzlich eher eine Zukunft haben und welche in absehbarer Zeit aussterben werden.

Hier eine kleine Auswahl von Berufen, die zwischen den Jahren 1993 und 1996 eine Wachstumstendenz hatten, herausgegeben von der Bundesanstalt für Arbeit (nachzulesen in **Stern** Start 1/98, S. 30–34).

- ✗ DachdeckerIn
- ✗ GerüstbauerIn
- ✗ IsoliererIn/AbdichterIn
- ✗ FliesenlegerIn
- ✗ MasseurIn/KrankengymnastIn
- ✗ Krankenschwester/Pfleger
- ✗ HelferIn in der Krankenpflege
- ✗ DiätassistentIn
- ✗ Pharmazeutisch-technische/r AssistentIn
- ✗ SprechstundenhelferIn
- ✗ ZahntechnikerIn
- ✗ AugenoptikerIn
- ✗ Kaufmännische und Verwaltungsberufe im Hotel- und Gaststättengewerbe
- ✗ Hauswirtschaftliche/r BetreuerIn
- ✗ Glas- und GebäudereinigerIn
- ✗ GärtnerIn
- ✗ FloristIn
- ✗ Sozial- und AltenpflegerIn
- ✗ HeimerzieherIn/HeimverwalterIn

- ✗ KindergärtnerIn/ErzieherIn
- ✗ BautechnikerIn
- ✗ VermessungstechnikerIn
- ✗ Steuerfachleute
- ✗ KassiererIn
- ✗ Datenverarbeitungsfachleute
- ✗ Bankfachleute
- ✗ Fremdenverkehrsfachleute
- ✗ Werbefachleute
- ✗ Leasingkaufleute/Vermittler

Da die Daten aber schon aus dem Jahre 1996 stammen, kann man auch hier keine richtige Aussage darüber treffen, wie sich diese Tendenzen bis heute fortgesetzt haben. Stürz dich daher nicht auf einen dieser Berufe, wenn du dich nicht sowieso dafür interessierst!

Berufsfelder, die weiterhin gern als zukunftsträchtig bezeichnet werden, sind beispielsweise:

- ✗ Informations- und kommunikationstechnologische Berufe
- ✗ Medien und Werbung
- ✗ Gesundheitsberufe
- ✗ Ver- und Entsorgung
- ✗ Steuerbereich
- ✗ EDV und Internet
- ✗ neue kaufmännische Berufe wie zum Beispiel Automobilkaufmann/-kauffrau, Servicekaufmann/-kauffrau
- ✗ Alle Berufe, in denen grundsätzlich auch eine Selbstständigkeit oder freie Mitarbeit möglich ist (meist Studienberufe wie BWLer, Journalisten, Rechtsanwälte, Grafikdesigner usw.)

So wichtig es auch ist, darüber nachzudenken, ob ein Beruf Zukunft hat, bedenke dabei immer Folgendes:

Die Lage auf dem Arbeitsmarkt kann in 3 bis 4 Jahren, also dann, wenn man mit seinem Studium oder seiner Ausbildung fertig ist, schon wieder ganz anders aussehen. Du solltest also einen bestimmten Beruf nicht von vornherein abschreiben, weil im Moment die Chancen nicht so gut stehen. Andersherum solltest du dich auch nicht auf ein Berufsfeld versteifen, nur weil ihm gute Zukunftschancen eingeräumt werden.

Wenn wir uns also nicht nur auf solche Aussagen verlassen können, dann müssen wir uns auch an das halten, was sich nicht so schnell verändert – und das ist das, was in dir steckt. Beides zusammen führt in eine gute Richtung. So können wir also jetzt zum nächsten Schritt übergehen.

Um zu erfahren, wie sich ein Beruf wirklich „anfühlt", solltest du dort hingehen, wo er ausgeübt wird, und die Leute dazu befragen, die ihn ausüben. Stell aber sicher, dass diese Menschen ihren Beruf grundsätzlich *gerne* machen. Wenn jemand ungern in seinem Beruf arbeitet, dann sieht er alles negativ und wird dir dann vielleicht von etwas abraten, was dir sehr gut liegen würde.

Was brauchst du?

1. Ausgefüllter Workshop „Die wichtigsten Entscheidungskriterien" (siehe nächste Seite)
2. Drei bis sechs Berufe in der engeren Wahl
3. Jeweils einen Termin mit je einer Person, die diesen Beruf ***gerne*** ausübt

Wie machst du es?

1. Kopiere das nächste Blatt (pro Gespräch einmal).
2. Informiere dich darüber, welche Fähigkeiten und Persönlichkeitsstärken in diesem Beruf benötigt werden und wie das ideale Umfeld dort aussieht.
3. Erkundige dich, ob es Dinge gibt, die nicht so toll an diesem Beruf sind.
4. Frage, was du tun kannst, um einen Ausbildungsplatz zu bekommen (z. B. Praktikumsmöglichkeiten?).

Falls du nun trotz allem noch nicht weißt, was du machen willst: Lass dich nicht entmutigen; vielleicht ist ja im folgenden Kapitel genau das Richtige für dich dabei.

3.4 Die wichtigsten Entscheidungskriterien

Meine stärksten Fähigkeiten, die ich beruflich ausüben will (S. 76/77)	Die wichtigsten Persönlichkeitsstärken und idealen Umstände (S. 78)
1. ______	1. ______
2. ______	2. ______
3. ______	3. ______
4. ______	4. ______
5. ______	5. ______
6. ______	6. ______
7. ______	7. ______

Meine Werte (S. 52):

1. ______
2. ______
3. ______

Was mir sonst noch wichtig ist (Gehalt, Ort etc.)

1. ______ 2. ______

3. ______ 4. ______

5. ______ 6. ______

Beruf: ______ Gesprächspartner: ______

Datum: ______ Uhrzeit: ______

Bemerkungen: ______

3.5 Leerlaufzeiten sinnvoll überbrücken

Wenn du noch nicht so richtig sagen kannst, was du dir zutraust oder was für ein Berufsfeld für dich gut wäre, dann gibt es verschiedene Möglichkeiten, die vor dir liegende Zeit sinnvoll zu nutzen, ohne sich gleich auf einen Beruf festzulegen.

Mein erster Rat ist immer: Wenn du die Möglichkeit hast, weiter zur Schule zu gehen und den nächst höheren Schulabschluss zu machen, dann tu das. Je besser dein Abschluss, desto mehr Chancen ergeben sich daraus – wie du sicher auch schon bei der Vorstellung der verschiedenen Studien- und Ausbildungswege gesehen hast.

Falls das nicht in Frage kommt, gibt es eine Menge anderer Möglichkeiten, solche „Leerlaufzeiten" sinnvoll zu überbrücken.

Als Erstes kommt hier eine Auswahl an so genannten „Freiwilligen Jahren", die sich im Lebenslauf gut machen und dir gleichzeitig (ähnlich wie ein Praktikum) helfen können, mehr über dich selbst und einen bestimmten Arbeitsbereich zu erfahren.

Freiwilliges soziales Jahr (FSJ)	**Freiwilliges ökologisches Jahr (FÖJ)**	**Freiwilliges Jahr im Unternehmen (FJU)**
In Alten- und Behindertenheimen testen, ob man für den sozialen Beruf geeignet ist	Jeweils ab September in Umweltschutz- oder Kommunalbehörden, Bildungsstätten oder auf Biobauernhöfen	Neu; wird als dreijähriges Modellprogramm erprobt

Kontaktadressen:

FSJ/FÖJ: Arbeiterwohlfahrt-Bundesverband e. V., Oppelner Str. 130, 53119 Bonn

Arbeitsgemeinschaft der Evangelischen Jugend e. V., Otto-Brenner-Str. 9, 30159 Hannover

Bund der Deutschen Katholischen Jugend, Carl-Mosterts-Platz 1, 40477 Düsseldorf

Deutscher Paritätischer Wohlfahrtsverband e. V., Heinrich-Hoffmann-Str. 3, 60528 Frankfurt

Deutscher Caritasverband e. V., Karlstr. 40, 79104 Freiburg

Deutsches Rotes Kreuz e. V., Friedrich-Ebert-Allee 71, 53113 Bonn
Zentralstelle für Freiwillige Soziale Dienste beim Jugendaufbauwerk Berlin, Lychener Str. 37, 10437 Berlin
Bundesministerium für Familie, Senioren, Frauen und Jugend, Broschürenstelle, Postfach 20 15 51, 53145 Bonn

Adresse FJU:
Deutscher Industrie- und Handelstag, Adenauerallee 148, 53113 Bonn

Eine andere Möglichkeit ist auch, einfach erst mal irgendwo zu jobben. Es hat noch niemandem geschadet, für eine gewisse Zeit einen Aushilfsjob zu machen. Auch das ist durchaus sinnvoll für deinen Lebenslauf und außerdem verdienst du schon etwas Geld. Klar, dass manche Eltern nicht unbedingt begeistert sind, wenn du diese Möglichkeit wählst, aber auf der anderen Seite finden sie es sicher gut, wenn du bereit bist, für deinen Lebensunterhalt zu arbeiten.

Solche Aushilfsjobs werden meist in eurer örtlichen Tageszeitung angeboten, du kannst aber auch Angebote im Arbeitsamt abrufen.

Eine weitere Möglichkeit ist ein Job im Ausland. Am bekanntesten sind ja Au-pair-Jobs, bei denen man für ein paar Wochen, Monate oder auch ein Jahr in einer Familie wohnt und dort im Haushalt hilft. Vermittlungsagenturen für Au-pair-Jobs gibt es viele; hier mal ein paar Nummern:

Verein für internationale Jugendarbeit, Bonn, Tel. 0228/ 698952
In Via, Freiburg, Tel. 0761/ 200206
EF Au Pair, Berlin, Tel. 01802/672070

Es gibt aber auch viele andere Möglichkeiten, im Ausland zu arbeiten, ob du nun als Kellnerin in Disneyland oder als Spielzeugbetreuerin im Legoland Windsor tätig wirst, bei der Erdbeerernte in Finnland oder beim Schafescheren in Island hilfst. Ein Auslandsaufenthalt sieht in deinem Lebenslauf immer gut aus und kann dir eine ganz erhebliche Horizonterweiterung bringen. Du kommst rum, siehst was von der Welt und ganz nebenbei frischst du noch deine Sprachkenntnisse auf.

Weitere Infos, Bewerbungsunterlagen und die Broschüre „Jobs und Praktika im Ausland“ bekommst du gegen einen adressierten und frankierten Rückumschlag bei der

Zentralstelle für Arbeitsvermittlung, Studentenvermittlung 21.21,
Postfach 17 05 45, 60079 Frankfurt am Main

Unschlagbar, um sich aus erster Hand über einen bestimmten Job oder Bereich zu informieren, sind und bleiben Praktika. Wenn du in einem Betrieb ein paar Wochen hospitierst, verdienst du zwar meist kein oder kaum Geld, aber du bekommst einen super Einblick in die Jobabläufe, schnupperst ein bisschen praktische Erfahrung, und vielleicht hast du bei dieser Firma dann schon für später einen Fuß in der Tür, falls du dich geschickt angestellt hast.

Da es bei den verschiedenen Firmen und Berufen vollkommen unterschiedlich ist, ob Praktika überhaupt möglich sind oder wie sie gehandhabt werden, hier einige Internet-Adressen, bei denen du dich informieren kannst:

Interessante Internet-Adressen zum Thema Jobs und Praktika:
www.stellen-online.de
www.berufsbildung.de
www.wiwo.de/praktikum.htm
www.arbeitsamt.de
www.bibb.de
www.jetzt.de (Praktikumsbörse der Zeitschrift *Jetzt*)
www.machs-richtig.de

3.6 Darüber reden

Michaela Kast

Auch wenn du nun schon weißt, wie man Expertengespräche führt, oder sogar schon ganz sicher bist, was du werden willst, solltest du in der gesamten Entscheidung immer wieder mit Menschen deines Vertrauens reden. Freunde und auch Eltern können gute Ratgeber sein. Außerdem gilt: Noch ist nichts für immer und ewig festgelegt. Wenn du dich beispielsweise erstmal für eine Ausbildung entscheidest, ist ein späteres Studium ja nicht ausgeschlossen.

Es ist sehr hilfreich, dir Menschen zu suchen, die du schätzt und die dir weiterhelfen können. Das können zum Beispiel Leute sein, die deinen Traumberuf schon ausüben oder ihn zumindest gut kennen. Das ist wesentlich aufschlussreicher als alle Infos der Welt, denn die praktische Erfahrung zählt!

Noch etwas zum Thema Ratgeber: Es gibt ein altes deutsches Sprichwort, das vielen Leuten einfällt, wenn es um Ratgeber geht: „Viele Köche verderben den Brei.“ Da wird aber meist etwas verwechselt: Viele Leute, die gemeinsam an einem Gericht rumbasteln, verderben es, weil jeder meint, da muss noch dies und jenes dazu und man schließlich nicht mehr erkennen kann, ob es eigentlich mal ein italienisches oder eher doch ein chinesisches Gericht war. Wenn du nun aber selbst der Koch bist und dich nur beraten lässt, entscheidest du selbst, was du als guten Rat empfindest und ausprobieren willst. Du bist es selbst, der zum Salz- oder Pfefferstreuer greift; niemand sonst sollte das tun. Das ist ein wesentlicher Unterschied. Wir lernen zu einem großen Teil von Ratgebern. Ratgeber können beispielsweise unsere Eltern, Freunde, der Partner oder ein Mentor (dazu später mehr) sein.

Besprich also deine Vorstellungen mit anderen und lern dabei etwas über dich selbst und deine Vision. Überarbeite diese Vision bis zu dem Punkt, an dem du selbst total begeistert von dem Ergebnis bist! Wenn du zu einer Reihenfolge der Alternativen gekommen bist, wollen wir mit deiner ersten Wahl (Alternative A) zum nächsten Punkt weitergehen.

3.7 Langfristige Zielsetzungen

Paul Ch. Donders

Ich weiß nicht, ob du schon mal von der Harvard-Universität gehört hast. Diese Hochschule ist in den USA zu finden, und wer von sich behaupten kann, dort studiert zu haben, genießt gleich großes Ansehen. Um so erstaunlicher sind dann die Ergebnisse einer Untersuchung unter den Studienabgängern, also unter denen, die es geschafft haben und die mit dem begehrten Diplom in der Tasche vor ihrer beginnenden Karriere stehen.

In einer Langzeitstudie, die über 20 Jahre lief, hat man Absolventen danach befragt, ob sie genau definierte Ziele für ihr weiteres Leben haben. Einige Jahre später hat man dann verglichen, ob es einen Zusammenhang gibt zwischen der Art und Weise der formulierten Ziele und dem finanziellen Lebensstil. Natürlich ist finanzieller Wohlstand nicht alles und sollte auch niemals der einzige Maßstab in unserem Leben sein. Trotzdem ist die Verbindung zwischen Zielen und dem, was man im Leben erreicht, auf diese Weise sehr deutlich darzustellen.

Gruppengröße	Art der Ziele	Finanzieller Lebensstil
3 %	schriftlich formulierte Lebensziele	finanziell unabhängig
12 %	allgemein formulierte Lebensziele	komfortables Leben
60 %	Überlebensziele	was sie verdienten, gaben sie auch komplett wieder aus
25 %	Keine Ziele	abhängig von finanzieller Unterstützung

Ein Teilnehmer an einem unserer Seminare sagte einmal spontan, als ich diese Tabelle vorstellte: „So gesehen haben ja alle ihre Ziele erreicht!" Nachdem alle über diese Bemerkung herzlich gelacht hatten, wurde uns klar, wie gut dieser junge Mann die Aussage der Tabelle durchschaut hatte.

Welch ein Potenzial liegt noch in uns verborgen, wenn wir anfangen, unsere Wünsche und Visionen konkret in klare Zielsetzungen und Aktionspläne umzusetzen, die helfen, diese Ziele auch real werden zu lassen! Wie kann das gehen? Was sind die Zutaten eines guten Ziels – denn wir wollen ja nicht irgendwas beschreiben, oder?

Kennzeichen guter Ziele

1. *Sie sind messbar in Zeit, Ergebnis und Kosten.*

2. *Sie sollten realistisch und anspruchsvoll sein.* Realistisch, weil sie natürlich auch erreichbar sein sollten. Anspruchsvoll ist das, was uns herausfordert, etwas mehr zu leisten als das, was wir sozusagen mit links schaffen können. Das setzt Antriebskraft in uns frei, es kitzelt uns sozusagen und wir wollen nur zu gerne auch alles daransetzen, diese Ziele auch zu erreichen.

3. *Wenige Ziele sind besser als viele.* Das passt zu dem Sprichwort „Weniger ist mehr". Wenn du dir zu viel auf einmal vornimmst, dann verlierst du leicht den Überblick und erreichst am Ende nur wenig.

4. *Ziele sind in logische Schritte unterteilt.* Wir reden hier ja von langfristigen Zielen. Das sind Ziele, die du in etwa ein bis drei Jahren erreichen kannst, zum Beispiel deinen Schulabschluss mit der benötigten Abschlussnote. Wenn du aber bis zum nächsten Sommer ein Abi mit der Note 2,5 erreichen willst, liegen ein paar Teilziele vor dir, zum Beispiel Pauken für die Klausuren. Das, was dazu notwendig ist, um letztlich das große Ziel zu erreichen, sind die logischen Schritte, von denen hier die Rede ist.

5. Für jedes Ziel sollte klar sein, wer für das Erreichen verantwortlich ist. Wenn du darüber nachdenkst, welchen Beruf du auf welchem Wege am schnellsten und auch am besten erreichst, dann ist wohl in den meisten Fällen klar, wer dafür auch die Verantwortung trägt: Du! Ab und zu kommst du aber auch in den Genuss, dass andere etwas dazu beitragen, dass du deine Ziele erreichst. Falls du irgendwann einmal eine Art Projekt planst, zum Beispiel ein Zeltlager, dann wirst du feststellen, dass nur dann alles wie geplant läuft, wenn die Aufgaben oder Teilziele auch auf die entsprechenden Mitarbeiter verteilt werden. Wenn jeder denkt: „Ach, das machen die anderen schon“, dann macht es wahrscheinlich niemand!

6. Ziele sind motivierend formuliert. Du kannst natürlich Ziele zum Beispiel so formulieren: „Ich will nicht noch fetter werden, als ich schon bin.“ Das setzt nicht unbedingt Begeisterung frei, oder? Anders formuliert könnte das genannte Ziel heißen: „Ich werde innerhalb von sechs Monaten wieder in meine Lieblingsjeans passen und mich rundherum wohl fühlen!“ Da kommen wir dann in den Genuss des Antriebs, den wir brauchen, um uns für ein Ziel einzusetzen.

Ist doch gar nicht so schwer, oder? Trotzdem schrecken wir zurück, wenn wir sehen, was so ein Planungsprozess mit Visionen und Zielsetzungen auch alles an Arbeit mit sich bringt. Ist es nicht so? Die logische Konsequenz von klaren Zielen ist, dass man sich Arbeit macht. Die Frage ist nur, ob sich diese Arbeit nicht am Ende auszahlt.

Wenn wir aber ganz ehrlich sind, ist es nichts anderes als Faulheit, wenn man zwar tolle Ziele hat, aber keine Lust, sich dafür einzusetzen. Na ja, wenn du faul sein willst, dann kannst du das natürlich. Es ist nur wichtig, dass du dir bewusst machst, dass Faulheit einen überhaupt nicht weiterbringt, denn wie ein altes chinesisches Sprichwort sagt: „Man muss eine ganze Weile mit offenem Mund dastehen, bis einem eine gebratene Ente hineinfliegt.“

Diese Erkenntnis hat mir die richtige Perspektive gegeben. Damit meine ich übrigens nicht, dass man es sich nicht auch mal locker machen darf. Wir brauchen immer mal wieder Pausen, in denen wir uns erholen und entspannen können. Das hat aber nichts mit Faulheit zu tun. Faulheit ist eine bewusste und eigentlich ziemlich egoistische Haltung; man entscheidet sich dazu, einfach nicht zu tun, was man tun sollte.

Das ist aber nur ein möglicher Grund, warum wir nicht so recht an Dinge herangehen wollen. Wir haben manchmal auch Angst, enttäuscht zu werden.

Aber selbst eine Enttäuschung kann positive Auswirkungen haben. Wenn du dir das Wort einmal etwas genauer ansiehst, dann entdeckst du, dass man es vielleicht auch anders schreiben könnte: Ent-Täuschung. Eine Ent-Täuschung ist im Grunde nichts anderes als die Befreiung von einer Täuschung. Du hattest gedacht, dies oder das erreichen zu können. Es hat aber aus irgendwelchen Gründen nicht geklappt. Na gut, dann war es wahrscheinlich auch nicht sehr realistisch. Vielleicht kannst du dein Ziel aber auch auf einem anderen Weg erreichen?

Dazu sind Enttäuschungen da: Um zu überprüfen, warum es bisher nicht geklappt hat, und um festzustellen, ob ich die Sache ganz aufgeben muss oder auf anderem Wege neu versuchen kann.

Viele Leute planen nicht, weil sie nie gelernt haben, sich zu disziplinieren – sich hinzusetzen und zu arbeiten. Wie das auch schon klingt: Disziplin! Da denkt man gleich an Selbstkasteiung, Enthaltsamkeit und Prügelstrafen in alten Heinz-Rühmann-Filmen. Dabei ist Disziplin an sich gar nichts Schlimmes, sondern „ein unverzichtbares Hilfsmittel, das unser Leben und das Erreichen von Zielen überhaupt erst möglich macht" (Bill Hybels: „Aufbruch zum Leben", Projektion J, 1999).

Trotzdem verträgt sich Disziplin natürlich nicht mit Faulheit. Je älter man wird, desto schwieriger wird es, sich da noch umzustellen – obwohl es nie unmöglich ist! Lern dich zu disziplinieren, indem du dich selbst trainierst. Trainier dich, indem du dir kleine Ziele setzt. Fang an, dein Leben in kleine Schritte zu gliedern. Versuch nicht, alles auf einmal zu erreichen, sondern tu einen machbaren Schritt nach dem anderen. Disziplin lernen wir, indem wir üben und indem wir Leute finden, die uns dabei helfen.

Disziplin hat auch damit zu tun, die Konsequenzen meiner Träume und Visionen abschätzen zu können. Ein Beispiel dazu: Wenn ich Architekt von Beruf bin, weiß ich eine ganze Menge darüber, wie man Häuser baut und dass man dafür zunächst einen sehr detaillierten Plan braucht. Den braucht man aber nicht nur, um zu sehen, wie das Haus hinterher aussehen wird, sondern auch, um zu wissen, wie viel Geld man dafür einkalkulieren muss. Nur wenn du genau beschrieben hast, welches Material du in welchen Mengen brauchst, kann man den Gesamtpreis kalkulieren. Erst dann steht fest, ob man sich dieses Haus überhaupt leisten kann.

Wenn es nun nicht um ein Haus, sondern um dein eigenes Leben geht, dann ist es mindestens genauso wichtig, einen möglichst detaillierten Plan für die Verwirklichung deiner Visionen zu machen. Nur dann kannst du schon vorher auf dem Papier feststellen, wie hoch die Kosten für deinen Entwurf sind und ob du die Konsequenzen auch wirklich tragen willst.

Ein letzter, auch nicht unwichtiger Grund, warum wir unsere Visionen nicht verwirklichen, ist die Angst vor Entscheidungen.

Theodor Roosevelt war ein berühmter Präsident der Vereinigten Staaten. Wer ihn als Kind kannte, hätte das übrigens nie für möglich gehalten, denn er war so stark asthmakrank, dass er nicht einmal die Kerze neben seinem Bett ausblasen konnte. Eines Tages sagte sein Vater zu ihm: „Junge, du hast einen starken Verstand, aber einen schwachen Körper. Es liegt an dir, ob du diesen Körper trainieren willst, damit er mit deinem Verstand zusammenwirken kann, um die Aufgabe zu erfüllen, die Gott dir gegeben hat."

Ich kann mir gut vorstellen, dass der kleine Teddy das gar nicht so lustig fand. Trotzdem hat er es eingesehen und die Aufgabe angepackt. Und das war wirklich keine einfache Sache! Es heißt, dass er über 1.000 Stunden aufgewendet hat, um die Voraussetzungen dafür zu schaffen, ein ganz normales Leben zu führen. 1.000 Stunden Bodybuilding – dazu braucht man schon echte Disziplin.

Nachdem er es dann sogar geschafft hatte, Präsident zu werden, wurde er einmal von seinem Assistenten gefragt: „Mr. President, warum sind Sie so erfolgreich?" Er antwortete: „Weil ich viele richtige Entscheidungen getroffen habe." Darauf fragte der Assistent: „Wie haben Sie gelernt, richtige Entscheidungen zu treffen?" Roosevelt antwortete: „Durch viel Erfahrung." Der Assistent: „Wie haben Sie diese Erfahrungen gemacht?" Darauf antwortete der Präsident: „Durch die Konsequenzen vieler falscher Entscheidungen."

Genauso funktioniert das nämlich: Wir lernen, gute Entscheidungen zu treffen, indem wir einfach mal anfangen, überhaupt Entscheidungen zu treffen und dann die Konsequenzen zu überdenken. Auch hier können und sollen uns andere Menschen zur Seite stehen, die schon mehr Erfahrungen gemacht haben als wir und uns so gute Ratschläge geben können.

An dieser Stelle erscheint mir ein Wort zum Thema Leistung angebracht. Was ist Leistung überhaupt? Wirkliche Leistung geht über das hinaus, was erwartet wird. Sie ist die Demonstration und Entfaltung des gesamten eigenen Potenzials. Dazu gehört gleichzeitig die Bereitschaft, Verantwortung zu übernehmen. Ganz einfach: Wenn du Potenzial besitzt (und das hat jeder Mensch!), dann liegt es in deiner Verantwortung, ob du etwas daraus machst und was.

Natürlich stoßen wir immer wieder an Leistungsgrenzen. Es geht aber gar nicht darum, diese Leistungsgrenzen auf ungesunde Art und Weise zu überschreiten – uns also zu *über*fordern, sondern darum, uns selbst auf eine gesunde Art und Weise *herauszufordern*, damit wir uns weiter entwickeln. Das ist auch wieder mit einem Muskel zu vergleichen. Ein Muskel wächst nur dann, wenn wir etwas mehr Leistung von ihm fordern, als er normalerweise gewohnt ist. Anfangs kann so ein Krafttraining auch mit Schmerzen einhergehen, da die Muskeln es nicht gewohnt sind, über eine bestimmte Leistung hinaus beansprucht zu werden.

Um am Ball zu bleiben, braucht man die Bereitschaft, konsequent zu sein und sich nicht entmutigen zu lassen.

„Nichts in der Welt kann die Hartnäckigkeit ersetzen. Talent wird es nicht können; nichts ist verbreiteter als erfolglose Menschen mit Talent. Genialität wird es nicht können. Das verkannte Genie ist schon fast sprichwörtlich. Bildung wird es nicht können. Die Welt ist voll von gebildeten Versagern. Hartnäckigkeit und Zielstrebigkeit sind notwendig zum Erfolg." (Roger von Oech)

Wenn wir etwas geschafft haben, was nicht leicht zu erreichen war, dann setzt das ungeheure Freude und Begeisterung in uns frei. Genau das kann dein Lohn sein, wenn du bereit bist, über das erwartete Minimum hinauszugehen.

Kapitel 4: Wie fange ich an?

Michaela Kast

In diesem Kapitel wollen wir uns folgende Bereiche näher anschauen:

- ✗ Die Voraussetzungen für meinen Traumjob
- ✗ Die aussichtsreiche Bewerbung
- ✗ Das gelungene Vorstellungsgespräch
- ✗ Hartnäckig sein!
- ✗ Das Thema Motivation

4.1 Die Voraussetzungen für meinen Traumjob

Inzwischen hast du eine ganze Menge geleistet und kannst wirklich stolz auf dich sein! Wenn du das nächste Arbeitsblatt ausfüllen kannst, dann hast du dich offensichtlich auch schon für eine Berufsrichtung entschieden – zunächst mal, muss ich hinzufügen. Denn dieses Arbeitsblatt dient noch mal zur Überprüfung deiner Entscheidung. Es geht hier um folgende Punkte:

- ✗ Welchen Schulabschluss du für deinen Traumjob benötigst
- ✗ Mit welcher Abschlussnote du die besten Bedingungen für dich schaffst
- ✗ Welche Zusatzqualifikationen nützlich sein könnten

Dabei gilt auch wieder das, was wir eben schon zum Thema Leistung gesagt haben. Du hast selbst am meisten davon, wenn du nicht nur so eben gerade den Mindestanforderungen genügst. Mach den für dich bestmöglichen Abschluss!

Das ist mein Rat an alle, die eigentlich gerne so schnell wie möglich mit der Schule fertig sein möchten. Ich musste mit 25 Jahren mein Fachabitur nachholen, um dann doch noch studieren zu können – allerdings „nur" an einer Fachhochschule. Für das Vollabitur hätte ich nach meinem bestandenen qualifizierten Realschulabschluss noch ganze drei Jahre nachholen müssen. Man sollte das aber nicht nur zeitlich, sondern auch finanziell ganz realistisch sehen: Mein Fachabitur war nach abgeschlossener Berufsausbildung in einem Jahr zu schaffen. Das bedeutete ein Jahr lang Schüler-BaföG in Höhe von 550 DM. Ich hatte aber längst eine eigene Wohnung! Obwohl ich mir diese mit einer Freundin teilte, blieben pro Nase Mietkosten in Höhe von je 300 DM. Das bedeutete, dass ich auf jeden Fall noch nebenbei jobben musste (das ging zum Glück sehr gut bei *xpand*).

Mit 25 Jahren und nach ein paar Jahren „normalem“ Einkommen plötzlich mit sehr viel weniger Geld auskommen zu müssen ist nicht einfach; man schafft es aber auch gut, wenn man weiß, dass sich die Einschränkung lohnt.

Nun aber wieder zu dir und deinem Wunschberuf. Du findest hier das schon genannte Arbeitsblatt, in das du ganz systematisch eintragen kannst, was du weißt.

! Den Rest kannst du beim Arbeitsamt, bei der ZVS (Zentralstelle zur Vergabe von Studienplätzen), bei der Studienberatung oder bei den entsprechenden Ausbildungsstellen erfragen.

Als Erstes solltest du den benötigten Schulabschluss kennen. Die Idealnote entspricht dem, was du maximal erreichen kannst, die reale Note ist die, die minimal erwartet wird. Darauf folgt die Spalte „Was will ich tun?“ Hier solltest du ein paar Maßnahmen eintragen, die sinnvoll sind, zum Beispiel Aufbesserung des Notendurchschnitts und eine bestimmte Stundenzahl, die du zum Lernen reservieren willst, usw.

Als Nächstes folgen Praktika und sonstige praktische Notwendigkeiten, wie zum Beispiel ein Erste-Hilfe-Kurs für Pflegeberufe oder Ähnliches.

Zeitaufwand und Kosten solltest du ebenfalls eintragen (siehe auch unter „Zielsetzungen“).

Lass dich nicht entmutigen, wenn du merkst, dass jede Menge Arbeit vor dir liegt. Denk dran, dass manchmal auch der Umweg zum scheinbar unerreichbaren Ziel führt.

Ein so genannter NC (*Numerus Clausus*) lässt sich beispielsweise durch Wartesemester überwinden. Aber Vorsicht: Wenn du dich derweil für ein anderes Studienfach einschreibst, wird dir diese Zeit nicht angerechnet! Studiensemester sind keine Wartesemester! Wartesemester bedeuten Jobben, Ausbildung, Praktika, ein Au-pair-Jahr oder Ähnliches.

Mach aber, wenn's geht, nicht einfach irgendwas, sondern bilde dich weiter in dem Bereich, der dich interessiert. Auch Auslandserfahrung macht sich grundsätzlich sehr gut im Lebenslauf.

Angestrebte Qualifikation	Notend. ideal	Notend. real	Was kann/ sollte ich tun?	Zeit	Euro

In dieser Tabelle hast du die Möglichkeit, dein Ziel zu beschreiben und auch gleich hinzuzufügen, wie du das erreichen kannst. Das bedeutet, dass du die Verantwortung für deine Zukunft übernehmen musst. Es geht hier im Wesentlichen um Lernziele. Diese Lernziele gehören dann in deinen persönlichen Aus- und Weiterbildungsplan für die kommenden zwölf Monate, der dir hilft, die gewünschte Leistung auch zu erbringen. Wie das aussehen kann, wollen wir dir etwas später zeigen.

Hast du dir einen Überblick über die nötigen Voraussetzungen verschafft? Dann heißt es, sich an die Arbeit zu machen und die gesetzten Ziele auch anzugehen, damit du dich möglichst bald den weiteren Vorbereitungen auf den Berufseinstieg widmen kannst. Dazu gehören Kenntnisse bezüglich der Bewerbung und des Vorstellungsgesprächs. Das sind die wichtigsten Punkte überhaupt, wenn es darum geht, einen Ausbildungsplatz oder eine Anstellung zu ergattern.

Wer erst einmal studieren geht, kann diese Punkte locker unterschlagen – wer aber einen Ausbildungsplatz sucht, sollte aufmerksam weiterlesen.

4.2 Die aussichtsreiche Bewerbung

Wie man eine Bewerbung schreibt, weiß von den Formalitäten her eigentlich jeder, oder? Das hat man doch alles schon mal in der Schule gehabt, und so weiter ... Warum hier noch mal darauf eingehen? Ganz einfach: Es scheint doch um mehr als nur den ausreichenden Rand und den ersten Satz zu gehen, der meist unglaublich „fantasievoll" lautet: „Mein Name ist ... und ich bewerbe mich hiermit um ..."

Der Vollständigkeit halber kommen jetzt also erstmal die „Basics", damit auch wirklich nichts schief geht. In der Zeitschrift **„stern** start" (2/98) gibt es auf Seite 102 eine sehr interessante Liste mit 44 Bewerbungs-Fehlern, die sich nun wirklich vermeiden lassen. Es ist geradezu unglaublich, was die Leute so alles bringen! Nur mal drei Beispiele:

- ✗ Bereits benutzte Umschläge, möglichst auch noch unzureichend frankiert, mit lauter gleichmäßig verteilten Zehn- oder Zwanzig-Pfennig-Briefmarken
- ✗ Die Unterlagen „duften" nach Currywurst oder Billig-Parfüm
- ✗ Die Anrede lautet salopp: „Hallo, Herr XY!"

Das ist zwar lustig und wir lernen auch etwas daraus, aber wie macht man es denn nun richtig?

> Aufgrund welcher Kriterien entscheidet sich ein Personalchef wohl für oder gegen eine Person? Oft ist das gar nicht so genau zu sagen. Man hat ein bestimmtes Gefühl, wenn man Unterlagen in den Händen hält und das Foto anschaut. Das ist nicht unwichtig und hat in erster Linie mit Sympathien für das Äußere und den Schreibstil einer Person zu tun.

Hier kannst du einiges beeinflussen. Ganz wichtig: Du solltest dich mit ordentlichen und sauberen Unterlagen vorstellen. Du solltest per Brief und Foto natürlich „rüberkommen", ohne zu lässig zu wirken. Das bedeutet für das Anschreiben zum Beispiel keine verschachtelten Sätze mit möglichst hochgeschraubten Formulierungen zu benutzen, wie etwa: „Da mir der außerordentlich gute Ruf Ihres Unternehmens von mehreren persönlichen Bekannten und Freunden zugetragen wurde, erscheint es mir im Bereich des Möglichen zu liegen, dass ich die adäquate Ergänzung für Ihr überaus dynamisches, international und kreativ schaffendes Team sein könnte."

Keine Frage, so was stößt eher ab! Wenn du dich zu krampfhaft verstellst, merkt man das auch.

> Deine schriftliche Bewerbung ist deine Visitenkarte. Der Eindruck, den deine Unterlagen hinterlassen, prägt sich fast so stark ein, als wärst du persönlich da gewesen. Und mal ehrlich: Der erste Eindruck, den ein Mensch auf dich macht, ist auch nicht so schnell wegzuwischen, oder?

Damit wir nun ganz systematisch an die Sache herangehen können, hier die drei Punkte, die wir in Bezug auf deine Bewerbung ansprechen sollten:

- ✗ Die inhaltliche Gestaltung
- ✗ Die optische Gestaltung
- ✗ Spezielles zum Bewerbungsfoto

Die inhaltliche Gestaltung

Überzeuge die Leute: Warum willst du in dieses Unternehmen? Warum sollten sie dich nehmen? Du kannst auch hier wieder einige Stichworte zur Hilfe nehmen:

- ✗ Was willst du?
- ✗ Warum willst du das?
- ✗ Warum gerade diese Firma/diese Ausbildungsstätte?
- ✗ Wann kannst du einsteigen?

Wenn du diese Fragen schlüssig und überzeugend beantworten kannst, wird bestimmt jemand neugierig auf dich!

Das heißt natürlich, dass du dir vorher ein paar gründliche Gedanken über diese Fragen machst, vor allem über die Firma. Was weißt du eigentlich über den Betrieb? Das ist wichtig! Wenn du Leute kennst, die dort arbeiten, dann nutz diese Kontakte, um mehr über die Firma zu erfahren. Nenn deine Quellen auch ruhig im Anschreiben.

Vielleicht hast du dir ja auch die Homepage der Firma im Internet angeschaut und die hat dich neugierig gemacht – dann erwähnst du das am besten auch!

Die optische Gestaltung

Es gibt gewisse Grundregeln, wie ein Bewerbungsschreiben aufgebaut sein sollte:

1. Eigene Anschrift
2. Die Anschrift der Stelle, bei der du dich bewerben willst (möglichst

schon mit Ansprechpartner. Falls du eine so genannte „Blindbewerbung“ schreibst, also einfach so versuchsweise, oder in der Anzeige kein Name angegeben ist, solltest du vorher anrufen und fragen, wer der richtige Ansprechpartner ist).

3. Datum nach zwei Leerzeilen, rechtsbündig
4. Nach weiteren zwei Leerzeilen eine „Betreff“-Zeile mit Angaben über die Stelle, auf die du dich bewirbst und woher du die Anschrift hast
5. Zwei Leerzeilen und dann die Anrede. Schön, wenn man hier einen Ansprechpartner hat, sonst schreibt man: „Sehr geehrte Damen und Herren, . . .“
6. Ausreichend Ränder lassen und optisch auflockernde Absätze machen
7. Das Ganze möglichst im Computer erstellen und von mindestens zwei Leuten Korrektur lesen lassen. Rechtschreibfehler oder ungeschickte Formulierungen sind bei Bewerbungsschreiben absolut tabu!

Michaela Müller-Zeck

Beispielstr. 25
12345 Musterdorf
Tel: 0123 – 45 67

Staatlich anerkannte Lehranstalt
für DiätassistentInnen
z. H. Frau Freundlich
Narniastr. 45
23456 Beispielstadt

Musterdorf, 15. Februar 2001

Bewerbung um einen Ausbildungsplatz als Diätassistentin
Information durch „Beruf aktuell" und „Blätter zur Berufskunde"

Sehr geehrte Frau Freundlich,

hiermit bewerbe ich mich um eine Ausbildung zur Diätassistentin. Zur Zeit bin ich noch Schülerin der Gewerblichen Schulen in CD-Stadt, die ich im Juli diesen Jahres mit der Fachhochschulreife verlassen werde.

Ich möchte mit einer Ausbildung in Ihrem Haus mein großes Interesse an biologischen Vorgängen im menschlichen Körper sowie meine Freude an der Zubereitung von Mahlzeiten auch beruflich nutzen. Zudem bin ich sehr interessiert daran, andere Menschen zu beraten und ihnen so zu helfen.
Ihre Ausbildungsstätte wurde mir besonders von Frau Monika Meyer empfohlen, die derzeit in der Großküche des Marienhospitals in ZX-Stadt arbeitet, wo ich sie während meines Schulpraktikums kennen gelernt habe.
Über die Einladung zu einem persönlichen Vorstellungsgespräch würde ich mich sehr freuen.

Mit freundlichen Grüßen

(Unterschrift)

Anlagen
Bewerbungsunterlagen

Der Lebenslauf

Michaela Müller-Zeck Beispielstr. 25 12345 Musterdorf		gutes und freundliches Foto! (Name hinten draufschreiben)

Persönliche Angaben:

Staatsangehörigkeit:	Deutsch
Geburtsdatum:	15. März 1983
Geburtsort:	Musterdorf
(Eltern)	Günter und Martha Müller-Zeck
(Geschwister)	Ralf Müller-Zeck, 15 Jahre

Schulische Ausbildung:

1987 bis 1991	Grundschule XY in ZX
1991 bis 1997	Realschule XY in ZX Fachoberschulreife (FOS)
1997 bis 1999	Gewerbliche Schulen AB in CD

(Angestrebter) Schulabschluss:	Fachhochschulreife (FHS)
Lieblingsfächer:	Hauswirtschaft, Chemie, Biologie, Deutsch
Hobbys:	Lesen, Reiten, Fahrrad fahren, Tanzen
Sonstige Fertigkeiten:	guter Umgang mit MS Office (WinWord, Excel)
Berufliche Erfahrungen:	Zweiwöchiges Schulpraktikum in der Großküche des Marienhospitals in ZX Ferienaushilfe in der Großküche des Marienhospitals ZX
Berufswunsch:	Staatlich anerkannte Diätassistentin

Musterdorf, 15. Februar 2001 — Eigenhändige Unterschrift

Spezielles zum Bewerbungsfoto

- ✗ Geh sicherheitshalber zu einem guten Fotografen und lass Testabzüge anfertigen. Ein guter Fotograf macht da auch ein gutes Angebot. Du lässt mehrere Fotos machen und suchst dir dann die besten heraus, von denen du immer wieder welche nachmachen lassen kannst.
- ✗ Bewerbungsfotos sind etwas größer als normale Passbilder, aber nicht größer als 7 x 10 cm.
- ✗ Das Foto sollte möglichst aktuell sein. Hast du einen komplett anderen Haarschnitt oder eine neue Brille, dann sollte das auch auf dem Foto so sein. Außerdem macht es sich nicht besonders gut, wenn man schon an den Klamotten erkennt, dass das Foto mindestens 5 Jahre alt ist!
- ✗ Dein Outfit sollte zum entsprechenden Beruf passen, was natürlich nicht heißt, dass du in einem farbverkleckstem Blaumann abgelichtet sein sollst, wenn du dich als Maler und Lackierer bewirbst! Für zukünftige Bank- und Büroangestellte passt bei Frauen eigentlich immer ein nicht zu aufgedonnertes Kostüm, Rock mit Bluse oder auch ein Hosenanzug. Für die Herren natürlich ein Sakko mit Hemd und Schlips! Zieh dich fürs Foto so an, wie du auch zum Vorstellungsgespräch gehen würdest. Als Maler und Lackierer wäre ein Schlips auf dem Bild schon eher übertrieben. Was ziehst du an, wenn du auf eine Veranstaltung wie zum Beispiel eine Familienfeier gehst?

Der Lebenslauf mit deinem sympathischen Bewerbungsfoto kommt dann mit deinen anderen Anlagen in einen Klemmhefter – und zwar ohne zusätzliche Klarsichthüllen. Den Bewerbungsbrief legst du oben drauf. Dann das Ganze in einen frischen, ordentlich und ausreichend frankierten Umschlag, der mit der richtigen und gut leserlichen Adresse versehen ist.

Alles klar? Dann ab die Post!

Übrigens: Du kannst deine Bewerbungsunterlagen auch von Profis vorab testen lassen. Das lohnt sich meist besonders für Hochschulabgänger, die bei ihren Bewerbungen auf Nummer Sicher gehen wollen. Wende dich dazu am besten direkt an:

Westerwelle & Partner GmbH
Start-Bewerbungsaktion
Heidekampweg 51
20097 Hamburg

4.3 Das gelungene Vorstellungsgespräch

Kennst du den schon: Ein Mann wird zum Vorstellungsgespräch eingeladen. Um besser vorbereitet zu sein, fragt er einen Bekannten, der dort auch schon einmal eingeladen war. „Du, sag mal, ich habe gehört, es sei sehr schwierig, in diese Firma reinzukommen. Kannst du mir vielleicht ein paar Tipps geben?"

„Ja, klar. Weißt du, es ist eigentlich gar nicht so schwierig. Das einzige Problem ist: Der Personalchef hat eine waaahnsinnig große Nase. Und an diesem Punkt ist er sehr sensibel. Also pass bloß auf, dass du nichts über seine Nase sagst!"

So instruiert geht unser Freund dann zum vereinbarten Termin und alles läuft auch glatt. Die große Nase sieht er natürlich, aber er weiß ja Bescheid und hält schön die Klappe.

Dann geht man zum informellen Teil über. An einem kleinen Tischchen stehen Leckereien bereit und der Chef verteilt höchstpersönlich Kaffee und Kuchen.

Um selbst auch etwas zu tun, fragt der junge Mann dann plötzlich: „Herr Müller, möchten Sie auch etwas Sahne auf Ihre Nase?" . . .

Was lernen wir daraus? Es ist vor allen Dingen wichtig, dass du dich nicht dauernd auf das konzentrierst, was du *nicht tun* willst oder sollst, sondern was du *tun* willst!

Auch hier gibt's wieder einige praktische Tipps, wie du dich am besten auf diese spannende Situation einstellen kannst.

- ✗ Gute Vorbereitung
- ✗ Positive Durchführung
- ✗ Aktive Nachbereitung

Gute Vorbereitung

Zuallererst solltest du dir das Bewerbungsschreiben an die Firma/Ausbildungsstätte noch einmal durchlesen. Was hast du genau geschrieben, wie hast du dich vorgestellt, welche Fähigkeiten hervorgehoben? Welche Begründung hast du genannt, warum du dich gerade dort beworben hast? Das ist schon die halbe Miete.

Dann gibt es so ein paar typische Fragen, die einem bei fast jedem Vorstellungsgespräch gestellt werden. Diese Fragen sollen deinem Gegenüber helfen, dich besser einzuschätzen: „Wie drückt er/sie sich aus? Wie wirkt die Person auf mich? Passt dieser Mensch in unsere Firma? Passt dieser Mensch zu dem Beruf?"

Hier ein paar dieser typischen Fragen:

✗ *„Warum wollen Sie diesen Beruf erlernen?“* Darauf solltest du eine gute Antwort parat haben! Hier ist es angebracht, von deinen Interessen und Fähigkeiten zu reden, die zu dem entsprechenden Beruf passen. Vielleicht kannst du auch von Praktika oder Gesprächen mit Leuten berichten, die diesen Beruf ausüben, und von den Informationen, die du dir über das Arbeitsamt beschafft hast, usw.

✗ *„Welcher Beruf käme sonst noch für Sie in Frage?“* Hier ist es natürlich wichtig, nicht zu sagen, dass du eigentlich viel lieber etwas ganz anderes machen würdest . . . Ungeschickt wäre es auch, einfach irgendwas zu nennen; führ stattdessen Berufe an, die in dieselbe Sparte oder Branche passen. Wenn du zum Beispiel gerade sehr überzeugend davon berichtet hast, dass du wahnsinnig gern mit Menschen zu tun hast, solltest du als weitere Möglichkeit nicht unbedingt „Buchhalter“ sagen . . . Außerdem soll dein Gegenüber nicht den Eindruck bekommen, dass du nicht weißt, was du willst oder dass dieser Job nur eine Art Notlösung für dich darstellt.

✗ *„Warum halten Sie sich für diesen Beruf für geeignet?“* Diese Frage setzt voraus, dass dein Können, deine Begabung, deine Interessen mit dem Beruf harmonieren.

✗ *„Welche Voraussetzungen haben Sie für diesen Beruf?“* Wenn du hier eine gute Antwort parat hast, heißt das, dass du dich intensiv mit dem Berufsbild auseinander gesetzt hast.

✗ *„Warum haben Sie sich gerade bei uns beworben?“* Dies ist eine Schlüsselfrage. Jetzt bloß nicht übertreiben! Erklär einfach ganz ehrlich, warum du diesen Betrieb gewählt hast. Die Wahrheit ist immer das Beste. Wenn du dich z. B. bei Lufthansa bewirbst, kommt es gut an, wenn du erzählst, dass du schon als Kind davon geträumt hast, einmal bei einer Fluggesellschaft zu arbeiten . . . Aber auch hier solltest du nicht den Eindruck erwecken, dass du gar nichts über das Unternehmen/die Ausbildungsstätte weißt oder dass du eigentlich lieber ganz woanders anfangen möchtest.

✗ *„Welche Hobbys haben Sie?“* und: *„Was machen Sie so in Ihrer Freizeit?“*
Hier möchte man feststellen, was für ein Typ Mensch du bist. Was sagen deine Freizeitbeschäftigungen über dich aus? Bist du in einem Verein, engagierst du dich irgendwo ehrenamtlich? Bist du gesellig? Hast du Hobbys, die etwas mit dem Beruf zu tun haben?

✗ *„Was sagen Ihre Eltern zu Ihrer Berufswahl?“* Hier könnte es sein, dass man feststellen möchte, wie das Verhältnis zu deinen Eltern ist oder ob deine Familie für dich überhaupt eine Bedeutung hat. Wichtig ist, nicht zu viel in solche Fragen hineinzuinterpretieren. Wenn du aber ehrlich antworten kannst, dass deine Eltern dich gern in deiner Entscheidung unterstützen und sich generell gut vorstellen können, dass du für diesen Beruf geeignet bist, dann hast du sicher gute Karten.

✗ *„Was machen Ihre Eltern beruflich?“* Diese Frage hast du ja eigentlich schon im Lebenslauf beantwortet. Diese Frage und andere, die sich auf deine Bewerbung beziehen, sind ein Test, ob du noch weißt, was du geschrieben hast.

✗ *„Welche Zukunftspläne haben Sie nach der Ausbildung?"* Auch hier wieder ganz offen sein. Wenn du dich gern danach noch weiterbilden möchtest, dann deute das ruhig an. Wichtig ist wieder, dass du nicht das Gefühl erweckst, dass dies nur eine Überbrückungszeit sein soll, weil es zum Beispiel mit dem Studienplatz noch nicht geklappt hat.

Du merkst schon, dass du dich schon vorbereiten kannst, um die genannten Fragen gut beantworten zu können. Verschaff dir möglichst ausführliche Informationen über die Firma/Ausbildungsstätte und das Berufsbild.

Außerdem kannst du ein Vorstellungsgespräch üben: Stell dich vor den Spiegel und beantworte die Fragen sozusagen dir selbst. Der Familienhund tut's auch. Zu zweit ist es noch effektiver: Such dir einen Freund/eine Freundin, die dich interviewt, oder üb mit Eltern und Geschwistern. Das baut Hemmungen ab, gibt dir Sicherheit und macht außerdem noch Spaß.

Ja, und dann gibt es noch zwei Sorten von Fragen, auf die man sich einstellen sollte:

Fragen, die die Allgemeinbildung betreffen. Hier wird's manchmal eng. Weißt du, was in der Welt passiert? Hast du eine Meinung zum aktuellen Geschehen? Informier dich einfach regelmäßig über aktuelle Themen. Ob du nun täglich Nachrichten schaust, Radio hörst, ob du dir im Internet Informationen holst – Hauptsache, du bist dabei. Außerdem fallen in diese Kategorie auch Fragen zu aktuellen Themen, die die Branche betreffen. Wenn du dich bei einer Bank bewirbst, solltest du zum Beispiel zum Thema „Börse und aktuelle Kursentwicklungen von Aktien und Euro" Stellung nehmen können.

Die zweite Gruppe von Fragen ist eher heikel und wird auch nicht garantiert berührt. Man sollte aber wissen, wie man darauf reagiert. Teilweise wird das Reaktionsvermögen getestet (kann sich der Bewerber auch zur Wehr setzen?), teilweise will man einfach Informationen haben, die rein rechtlich gar nicht ins Vorstellungsgespräch gehören. Das können zum Beispiel Fragen nach der politischen Gesinnung oder nach einer eventuellen Schwangerschaft sein.

Dies sind nur zwei Beispiele. Die erste Frage pariert man am besten, indem man zunächst darauf hinweist, dass diese Frage eigentlich nicht zur Debatte steht. Bleibt der „Tester" hartnäckig, sollte die Antwort möglichst allgemein formuliert werden, zum Beispiel: „Ich denke, dass Sie anhand meiner Unterlagen und meines Verhaltens erkennen können, dass ich nicht zu Extremen neige – das gilt auch auf politischem Gebiet."

Die Frage nach der Schwangerschaft ist schlichtweg nicht zulässig. Im Arbeitsrecht ist richterlich festgelegt, dass man auf so eine Frage sogar falsch antworten darf. Ein heikles Thema. Einerseits kann man ja verstehen, dass ein Arbeitgeber nicht schon in der Ausbildungszeit die Belastung durch einen Mutterschutz auf sich nehmen will; andererseits kann man beinahe garantieren, dass eine schwangere Frau nicht eingestellt wird.

Positive Durchführung

Je entspannter du an ein Vorstellungsgespräch herangehen kannst, umso besser. Andererseits ist eine gesunde Prise Nervosität schon nützlich, weil man dann nicht alles auf die leichte Schulter nimmt oder mit einer „Eh alles egal"-Stimmung ins Rennen geht.

- ✗ Schlaf dich vorher gut aus
- ✗ Bereite dich gut vor
- ✗ Kleide dich angemessen und vermeide Körpergeruch und penetrante Deos
- ✗ Hab etwas im Magen (sonst hat der vielleicht auch etwas zu sagen . . .!)
- ✗ Sei etwas früher da (kalkulier einen verpassten Bus, einen Stau oder eine Panne mit ein!)

Alles andere ergibt sich dann fast von selbst: Bist du gut vorbereitet, bist du auch entspannter und kannst dich auf dein Gegenüber leichter einstellen. Hör aktiv auf die Fragen und frag auch ruhig nach, wenn dich etwas näher interessiert oder wenn du etwas nicht ganz verstanden hast. Wenn's geht, setz ein freundliches Lächeln auf, aber sei nicht verkrampft dabei und denk daran, regelmäßig zu atmen!

Am Ende eines Vorstellungsgesprächs will der Einsteller dann manchmal wissen, ob du noch Fragen hast. Hier kommt es nicht so gut an, wenn du einfach verneinst. Das klingt nach: „Nichts wie weg hier!" Überleg dir vorher, welche Fragen du stellen könntest. Da gäbe es zum Beispiel:

- ✗ Fragen zum Unternehmen (Geschichte, Größe, Gebäude . . .)
- ✗ Fragen zur Ausbildung (Blockunterricht, Teilzeitunterricht, Anzahl der Auszubildenden, Übernahmeaussichten)
- ✗ Perspektiven nach der Ausbildung (Aufstiegsmöglichkeiten, Weiterbildung)

Frag aber nichts, was du eigentlich dank deiner Vorbereitung oder aufgrund des Gesprächs schon wissen solltest! Stell auch keine plumpen Fragen, zum Beispiel nach der Höhe des Urlaubsgeldes oder dem Hobby des Chefs.

Aktive Nachbereitung
Gerade, wenn du dich bei verschiedenen Unternehmen vorstellst, kann es sinnvoll sein, nachher zu Hause einen kurzen Bericht zu verfassen, wie das Gespräch gelaufen ist und wie und wer dein Gesprächspartner war. Diesen Bericht heftest du dann am besten zu deinem jeweils individuell verfassten Bewerbungsbrief, von dem man immer eine Kopie oder einen zweiten Ausdruck machen sollte. So hast du bei Rückfragen alles gleich parat.

Manchmal hat man auch versprochen, noch irgendetwas nachzureichen. Vergiss das dann nicht!

Da dies kein Expertenbuch zum Thema Bewerbungen und Vorstellungsgespräch sein kann und auch nicht will, hier eine *Buchempfehlung:* Marlen Theiß und Winfried Volz: „Bewerber-Training. Crash-Programm für Stellensuchende" (Modul Verlag 1994).

4.4 Hartnäckig sein!

Michaela Kast

Jetzt kommen wir zu dem heiklen Thema, wie man mit Absagen umgeht.

Vielleicht hast du das auch schon mal erlebt: „Wir bedauern, Ihnen mitteilen zu müssen . . . blablabla . . . In der Anlage erhalten Sie Ihre Bewerbungsunterlagen zurück."

Je nachdem, wie oft man so etwas lesen muss, kann es schon schwierig werden, damit noch locker umzugehen. Trotzdem: Angesichts der nicht gerade leichten Situation auf dem Arbeitsmarkt trifft man halt nicht gleich das Richtige. Was kannst du also tun, um eine Absage zu „verdauen"?

✗ *Rede dir deine Gefühle von der Seele.* Mach dir Luft, aber steigere dich nicht hinein; das macht es nur schlimmer.
✗ *Gib dich nicht mit einem Nein zufrieden:* Hak nach, ruf noch mal bei der Firma an oder geh persönlich vorbei. Das kann Überwindung kosten, bringt aber oft was. Erstens ist es gut, falsche Hemmungen abzulegen – das hebt das Selbstbewusstsein. Zweitens kannst du eine Menge lernen. Meist bekommt man ja recht allgemein gehaltene Gründe für die Absage geliefert. Überwinde dich, den Einsteller zu fragen: „Können Sie mir bitte genau sagen, warum Sie mich nicht genommen haben?" Schließlich ist es ja für dich lebenswichtig zu wissen, was du beim nächsten Mal besser machen könntest. Wenn du dich traust, könntest du noch weiter nachbohren: „Können Sie mir einen Rat geben, wie ich es beim nächsten Mal besser machen kann?"; „Kann ich mich zu einem späteren Zeitpunkt noch

einmal bei Ihnen bewerben?" „Sollte ich mich weiterbilden und wenn ja, was raten Sie mir?" So viel Offenheit und Kritikfähigkeit kann bei einigen Leuten schon Eindruck machen. Klar: Wer nun mal absolut nicht will, der hat schon, aber ich kenne „Fälle", in denen ein Bewerber dann zur Antwort bekam: „Schicken Sie uns Ihre Unterlagen doch noch einmal zu. Wir prüfen das dann noch mal!" Bingo! Das wär's doch, oder?

✗ *Arbeite an deinen Schwachstellen.* Die können auf schulischem Gebiet liegen oder auch im Bereich der Persönlichkeit. Gute Noten allein sind noch nicht alles. Wie wirkst du auf Menschen? Das kannst du überprüfen und in positive Bahnen lenken. Frag vertrauenswürdige Leute ehrlich nach ihrer Meinung über dich und lern aus dem, was sie dir raten.

✗ *Es liegt nicht (nur) an dir!* Eine Absage ist zunächst einfach nur fachlich und nicht persönlich zu verstehen. Es konnten eben nur soundsoviele Leute genommen werden und ein paar mussten übrig bleiben. Neue Chance, neues Glück. Du tust bei der nächsten Bewerbung wieder dein Bestes und dann wird es auch irgendwann klappen – nur nicht entmutigen lassen.

„So einfach ist das nicht", sagst du? Stimmt schon, aber es liegt auch an deiner Einstellung, ob du aus solchen Situationen gestärkt hervorgehst, weil du etwas gelernt hast, oder ob du dich davon unterkriegen lässt. Eine gesunde Einstellung zu dir selbst hilft dir in jedem Fall weiter und dazu brauchst du wieder andere Menschen, die dich ermutigen. Aber dazu in Kapitel 5 mehr.

4.5 Das Thema Motivation

Paul Ch. Donders

Kannst du dir vorstellen, dass mich einmal ein Artikel mit dem Titel: „Die 8-Tage-Bikini-Diät" so richtig begeistert hat?

Das kam so: Nach einem sehr anstrengenden Seminar, das ich geleitet hatte, saß ich völlig kaputt im Zug, hatte absolut keine Lust zu gar nichts mehr. Da fiel mein Blick auf eine Frauenzeitschrift, die irgendeine Dame wohl liegen gelassen hatte. Leichte Kost war genau das Richtige für mich. So begann ich zu blättern und las plötzlich: „Die 8-Tage-Bikini-Diät"!

Ich dachte an meinen eigenen Bauch und fand, dass das etwas für mich war. Natürlich hatte ich nicht vor, demnächst im Bikini rumzulaufen, aber was bei Frauen gegen Hüftspeck half, konnte bei meinen Rettungsringen ja auch nicht schaden. Ich begann also in der Erwartung zu lesen, jetzt eine Diätanleitung zu bekommen. Doch stattdessen gab es ganz überraschende Tipps, wie man sich grundsätzlich bei Laune halten kann. Für jeden Tag wurden neben den gesunden Mahlzeiten auch körperliche Trainingseinheiten und eine Belohnung beschrieben, die man sich selbst gönnen sollte.

Kleine Selbstbelohnungen finde ich sowieso gut. Nach jedem Seminar, das wir zu zweit oder auch zu dritt halten, gibt's anschließend eine Belohnung: Wir gehen schön essen, machen uns kleine Geschenke – das liebe ich. Gönnen wir uns selbst doch auch mal was, um uns für eine erledigte Aufgabe zu belohnen! Stattdessen versuchen wir, immer noch stärker, schneller und leistungsfähiger zu werden, bevor wir mal unsere bereits gebrachte Leistung anerkennen. Da ist es doch kein Wunder, wenn wir an Grenzen stoßen, besonders was die Motivation angeht. Frustriert hören wir dann wieder mit dem Training auf und machen wie gewohnt weiter.

!

Die individuelle Motivation ist eine grundsätzliche Leistungsbereitschaft, die dein Antrieb ist, Dinge zu tun. Du kannst körperlich total fit sein, aber trotzdem keine Motivation haben. Das liegt an anderen Dingen als an der körperlichen Fitness – auch wenn ein Mensch sich in einem gesunden Körper natürlich grundsätzlich wohler fühlt. Für eine gesunde Motivation braucht es immer wieder Anreize und die kann man sich durch kleine „Privatfeiern" auch selbst geben.

Wie kann das also ganz praktisch aussehen mit der Selbstbelohnung?

Halt dir deine erfüllten Wünsche vor Augen! Wenn du mal zurückblickst, wird es in deinem Leben sicher so einige Wünsche geben, die bereits erfüllt wurden. Zähl sie auf, schreib sie auf und feiere sie, denn das wird dir helfen, Dankbarkeit aufzubauen für das, was du hast – und das motiviert!

Lern, das Leben zu genießen! „Es ist gar nicht so schwer, das Genießen zu lernen. Etwas wirklich zu genießen, ist eine Tätigkeit, die uns in unserer „Ex und Hopp"-Gesellschaft ziemlich verloren gegangen ist. Genuss hat nämlich etwas mit Zeit zu tun.

Genießen heißt, im Heute zu leben – nicht nur auf das Morgen hin zu denken und nach immer neuen tollen Sachen zu lechzen, sondern dankbar wahrzunehmen und zu genießen, was jetzt im Moment passiert. Bleib einen Moment stehen und genieß den Duft der Rosen in Nachbars Garten und den Gesang der Amsel auf dem Dach, das Lächeln deiner Freundin und den wunderschönen Sonnenuntergang. Dadurch kann man zu einem ganz neuen, reichen Lebensgefühl finden.

Genießen ist ein ganz wichtiger Beitrag zu einem Lebensstil, der wohl tut und Angenehmes verbreitet – und damit auch einen positiven Einfluss auf die Menschen um uns herum hat.

Schenken. „Kleine Geschenke erhalten die Freundschaft.“ Wenn ich jemandem ein Geschenk mache, dann geschehen im Vorfeld eine ganze Reihe von Dingen:

1. Ich muss mir ein Geschenk überlegen, das diese Person wirklich erfreuen könnte.
2. Ich muss mich auf die Suche machen. Ich gehe durch verschiedene Läden, blättere in Katalogen, bis ich gefunden habe, was zu diesem Menschen passt.
3. Ich kaufe das Geschenk, in das ich schon Zeit und Arbeit investiert habe.
4. Ich packe es schön ein.
5. Ich schreibe ein Kärtchen, erkläre, warum ich gerade das schenke und warum ich dankbar für den Beschenkten bin.

So gesehen sind Geschenke eigentlich nichts anderes als greifbare Liebesbeweise. Also: Beim Thema Geschenke können wir eigentlich nichts falsch machen – außer, dass wir vergessen, sie zu machen.

Für mich war es ganz wichtig zu lernen, mich selbst zu beschenken, und zwar sowohl bei Erfolgen als auch zum Trost nach Misserfolgen. Ich feiere also einen Abschnitt, den ich abgeschlossen, ein Ziel, das ich erreicht habe, ein Ergebnis, das realisiert wurde. Nach Misserfolgen feiere ich die Tatsache, dass ich trotzdem ein Mensch bin, über den man begeistert sein kann. Die Belohnung muss übrigens gar nichts Dolles sein – was zählt, ist die Geste!

Wer sich selbst nichts gönnt, der gönnt auch anderen nichts. Das ist nur logisch. Es hat mal eine Untersuchung gegeben, in der man danach geforscht hat, warum Menschen depressiv oder antriebs-(motivations-)los werden. Interessant, was dabei herauskam:

1. *Neid*: Wer dauernd missgünstig auf den beruflichen Erfolg, das gute Aussehen oder das harmonische Familienleben anderer schielt, blockiert seine eigenen Energien und die Fähigkeit, glücklich zu sein.
2. *Selbstzweifel*: Sich selbst nicht richtig leiden können, ständig an sich herumnörgeln – das macht jedes Glücksempfinden kaputt. Wer sich selbst nicht mag, wird auch von anderen nicht wirklich gemocht, ist einsam und unglücklich.
3. *Angst*: Wer nie etwas probiert, eine Herausforderung annimmt oder ein Abenteuer wagt, verschenkt viele Chancen, Glück zu spüren – das Erlebnis, über sich selbst hinausgewachsen zu sein.
4. *Anspruchshaltung*: Du hältst den Spatz in der Hand, aber eigentlich hättest du die Taube auf dem Dach verdient: den Super-Job, den Super-Partner, das Super-Auto. Wenn der Kopf voller unrealistischer Wunschvorstellungen und unerreichbarer Ideale steckt, bleibt natürlich kein Platz für die kleinen Glücksmomente des wirklichen Alltags.

Was können wir dieser wahrhaft deprimierenden Liste entgegensetzen? Ganz einfach: Eine Happy-Liste! Das ist eine Liste, die du selbst erstellen musst. Sie enthält nämlich eine Aufzählung kleiner Geschenke, die du dir selbst machen kannst, um dich zu motivieren und zu ermutigen. Du könntest zum Beispiel ein schönes Video ausleihen und mit Freunden zusammen anschauen. Oder du setzt dich mit einem guten Buch in dein Kuschelsofa oder eine schaumige Badewanne, kannst endlich mal wieder deine Lieblingsmusik genießen oder Freunde besuchen, ohne dann über Probleme zu reden, usw., usw.

Trag doch einfach jetzt und hier zehn solcher Dinge zusammen und stelle damit deine eigene Happy-Liste auf:

Happy-Liste von . . .

1.

2.

3.

4.

5.

6.

7.

8.

9.

10.

Kapitel 5: Wer hilft mir dabei?

Paul Ch. Donders

Wie schon gesagt: Du hast schon eine ganze Menge geleistet, wenn du dich bis hierher durchgekämpft hast. Nun ist es sicher so, dass wir als Menschen zwar viel erarbeiten und auf dem Papier beschreiben können, aber damit es auch wirklich klappt oder zumindest besser geht, brauchen wir andere Menschen. Die Frage ist: Wer könnte das sein? Genau das ist das Thema dieses letzten Kapitels.

Ich weiß nicht, ob du dir dessen bewusst bist, aber hinter jedem erfolgreichen Menschen stehen andere Menschen, die ihm geholfen haben – wir wissen nur leider meist nichts über sie! Komisch, oder? Ein Beispiel ist eine sehr begabte Musikerin: Die Geigerin Anne Sophie Mutter. Sie wurde ganz stark von Herbert von Karajan gefördert. Von Karajan war ein weltberühmter Dirigent, der es sich in seinen späten Jahren zur Aufgabe gemacht hatte, junge Talente zu fördern.

5.1 Mentoring als neues und altes Prinzip

Im alten Griechenland gab es einen Mann namens Mentor. Er war ein Freund von Odysseus, der wiederum einen Sohn hatte: Telemachus. Früher gab es keine Schulen, wie wir sie heute kennen. Wer es sich leisten konnte, der hatte einen Privatlehrer, der einen in allen Fächern unterrichtete. Wer sich so einen Lehrer nicht leisten konnte, hatte eben Pech gehabt. Wenn du gerade denkst, dass das keine üble Sache ist, solltest du bedenken, dass aus jemandem, der keinerlei Ausbildung hat, auch wenig werden kann! Bevor du also neiderfüllt daran denkst, wie schön es wäre, nicht mehr in die Schule zu müssen, überleg dir erst mal, ob Stallknecht oder Putzfrau wirklich dein Traumberuf ist!

Dieser Herr namens „Mentor" war nun also der Lehrer von Telemachus. In Anlehnung an diese Geschichte hat sich viel später der Begriff „Mentoring" entwickelt. Über Jahrtausende war diese 1:1-Beziehung zwischen Lehrer und Schüler die einzige Form der Ausbildung, die Menschen in ihren Beruf und ihre Berufung hineinführte. Wollte man Kapitän werden, wurde man bereits als Kind Schiffsjunge. Der Kapitän trug dann Sorge für die Ausbildung. Wollte man Chirurg werden, lernte man von einem Chirurgen, der einen mitnahm und begleitete, bis man an den Punkt gelangt war, an dem man selbst Operationen durchführen konnte.

Im letzten Jahrhundert begann sich das zu wandeln. Es wurden Hörsäle gebaut, in denen eine Fülle von Studenten von einem Professor lernten. Es wurden immer mehr Bücher zur Verfügung gestellt. So lernten zunehmend mehr Leute von einem Wissensvermittler, ohne einen wirklichen Bezug zu ihrem Lehrer zu haben.

Heute leben wir in einer Art virtueller Realität innerhalb der Ausbildung und lernen über Fernuniversitäten, im Internet und in virtuellen Klassenzimmern. Die Entwicklung ist natürlich nicht nur negativ, sondern hat uns sehr viel weitergebracht und einer viel größeren Gruppe von Menschen das Tor zum Wissen geöffnet. Sie hat aber auch eine Lücke zwischen den Lernenden und den Lehrenden gerissen.

Gerade weil die Menschen merken, dass man die wirklich wichtigen Dinge letztlich doch nicht nur per Computer lernen kann und weil „Sozialkompetenz" (was nichts anderes ist als die Fähigkeit, gut mit anderen auszukommen) und „Beziehungsintelligenz" heute so wichtige Themen in der Arbeitswelt sind, hat man das Prinzip des „Mentoring" neu entdeckt. Ein erfahrener Mensch hilft einem anderen auf seinem persönlichen Entwicklungsweg weiter. Eine prima Sache – doch die praktische Umsetzung ist nicht so leicht, weil Mentoren sehr spezielle Menschen sind, die man nicht an jeder Straßenecke findet. Das wird an der folgenden Definition deutlich:

> „Ein Mentor ist eine Person mit einer dienenden, gebenden und ermutigenden Haltung, die das Potenzial in einer noch zu entwickelnden Person sieht und diese Person auf dem Weg der Realisierung ihres vollen Potenzials fördert." (Robert Clinton)

Eine viel einfachere, aber auch sehr aussagefähige Umschreibung für das Prinzip des Mentoring ist der hawaiianische Begriff „Aloha". Er setzt sich aus zwei Worten zusammen, nämlich „Alo" und „ha". „Alo" bedeutet, vor jemandem zu stehen, von Angesicht zu Angesicht. „Ha" ist der Lebenshauch. Zusammengenommen bedeutet das dann so viel wie: „Ich stehe von Angesicht zu Angesicht vor dir und gebe dir meinen Lebenshauch." Lustig ist, dass die Hawaiianer bei diesem Gruß wirklich Nase an Nase voreinander stehen (gut, wenn man keinen Mundgeruch hat!). Aber Spaß beiseite: Jemandem seinen „Lebenshauch" zu geben, kann im übertragenen Sinn auch so viel bedeuten, wie ihm Vollmacht oder Unterstützung zu verleihen. Und das ist es, worum es beim Mentoring geht.

Als ich (Michaela Kast) in der siebten Klasse war, war es um meine schulischen Leistungen nicht besonders gut bestellt. Einige Fächer, darunter Englisch, Französisch und Mathe, standen auf wackeligen Vierernoten und meine Eltern suchten das Gespräch mit meinem damaligen Klassenlehrer. Mich hat es ziemlich beeindruckt, als dieser zu meiner Mutter sagte: „Ach, wissen Sie Frau Kock (so hieß ich vor meiner Heirat), die Michaela, die ist ein Spätzünder, die kriegt die Kurve schon noch."

Er hat an mich geglaubt, etwas in mir gesehen, was nicht mal ich selbst vermutet hätte – und: er hat Recht behalten. Mir hat diese Aussage sehr gut getan – so nach dem Motto: „Wenn der an mich glaubt, dann kann ich das auch." Und das hat mich vielleicht auch erst in die Lage versetzt, die Kurve wirklich noch zu kriegen, wer weiß? Im Grunde war der Mann also so eine Art Mentor für mich. Er hatte überhaupt eine sehr gute Art, mit uns Schülern umzugehen. Das tat gut und hatte seine Wirkung. Somit war er sicher für viele meiner Kameraden ein „Förderer".

Ein Mentor ist jemand, der:

✗ *Potenzial erkennt* – wenn er einem Menschen begegnet, spürt er, was noch alles in dieser Person steckt und gefördert werden sollte
✗ *Berufung entdeckt*, also eine Art Sehnsucht danach hat, Menschen dabei zu helfen, den roten Faden in ihrem Leben zu entdecken
✗ *Ein Trainingsprogramm entwickelt*, um einem Menschen zu seiner Entfaltung zu helfen
✗ *Eigenverantwortung traini*ert, also einem Menschen seine Entscheidungen nicht abnimmt, sondern ihm hilft, eigenständig gute Entscheidungen treffen zu lernen
✗ *Vollmacht überträgt*, indem er seine Erfahrung und seine bereits gewachsene Autorität und Professionalität an seinen Mentoranten weitergibt.

5.2 Den passenden Mentor finden

Heute scheint es nicht viele solcher Mentoren zu geben. Jedenfalls kenne ich keinen Werbespot, in dem ein Vertrauen erweckender Mensch sagt: „Ruf mich an! Ich will dein Mentor sein und ich koste dich keinen Pfennig!"

Daher wollen wir dir jetzt mal einige Beispiele von Mentoren geben, die a) Zeit haben und b) nichts – oder nicht viel kosten und dabei c) eine ganze Menge bei dir bewirken können. Wenn du dir die Liste anschaust, wirst du wahrscheinlich sogar feststellen, dass es solche Mentoren in deinem Leben schon gegeben hat:

Der historische Mentor: Das ist eine Person, die in ihrem Leben in irgendeiner Form eine Berufung ausgelebt und (hoffentlich) auch vollendet hat, die mich ganz persönlich anspricht. Das ist auch gleichzeitig das Kriterium, anhand dessen ich aus der Fülle der möglichen historischen Mentoren jemanden auswählen kann. Welche Menschen sind sinnvolle Vorbilder für mich und daher geeignet, ihr Leben näher zu untersuchen?

Als Beispiel möchte ich Nikolaus Ludwig Graf von Zinzendorf nennen, der für mich ein solches Vorbild ist. Dieser Mann hat vor mehr als 250 Jahren revolutionäre Ideen entwickelt, wie gemeinsames Leben in neuen Formen aussehen kann. Er hat eine völlig neue Pädagogik verkündet, neue wirtschaftliche Modelle, Theorien zur Weltverantwortung und zur Reformation ganzer Länder. Dabei hat er eine Einsatzbereitschaft gezeigt, die ihresgleichen sucht.

Als ich vor Jahren zum ersten Mal von Zinzendorf und seiner Arbeit hörte, reizte es mich sofort, mehr über ihn zu erfahren. So las ich Bücher über ihn und von ihm und besuchte die verschiedenen Dörfer und Städte, die er aufgebaut hat. Bis heute lerne ich immer wieder Neues von diesem Mann und werde es wohl auch weiterhin tun.

Welche historischen Vorbilder kennst du und wer spricht dich besonders an? Trag in der folgenden Liste in der linken Spalte ein, welche Personen dich schon mal besonders angesprochen haben. Rechts daneben solltest du aufschreiben, was du von ihnen gelernt hast oder noch lernen willst.

Das Vorbild: Hier kann die Beziehung schon etwas intensiver sein, und es besteht die Möglichkeit, diesen Menschen tatsächlich kennen zu lernen. Es kann aber genauso gut sein, dass das nicht möglich ist. In diesem Fall beobachte ich nur, wie die Person handelt und ihre Berufung auslebt. Für mich gibt es da mehrere Beispiele. Eines von ihnen ist beispielsweise der ehemalige Bundeskanzler Helmut Kohl. Er ist für mich ein Vorbild darin, wie man über lange Zeit und auch durch Durststrecken in seiner Aufgabe als Leiter und Richtungsweiser durchhalten, mit Würde darin bestehen und dabei viele andere Menschen zu ihrer Berufung freisetzen kann. Das bedeutet natürlich nicht, dass ich alles gut finde, was Helmut Kohl so gemacht hat.

Interessant ist, dass Menschen, die für mich ein Vorbild sind, für andere wieder überhaupt nicht passen – und das ist auch ganz in Ordnung so! Menschen, von denen ich lerne, haben immer irgendeinen Bezug zu meinen eigenen Begabungen, meinen Gedanken, meiner Art zu leben und meiner Berufung. Und die ist nun mal absolut einzigartig.

Entdecke für dich selbst die Vorbilder, die heute leben, und lern von ihnen. Das ist eine ungeheure Chance! In der folgenden Übersicht hast du die Möglichkeit, einige Vorbilder aufzulisten und dahinter zu notieren, was du von ihnen lernen willst.

Historische Mentoren

Welche Personen?	Was will und kann ich heute von ihnen lernen?

Vorbilder

Welche Personen?	Was will und kann ich heute von ihnen lernen?

Der Ratgeber: Das ist jemand, der mich in meiner Berufung unterstützt, mit mir über die Richtung reflektiert, in die ich mich weiterentwickeln kann und soll, der unbequeme Fragen stellt, um mich in Bewegung zu halten und der ein starkes Interesse daran hat, mich in der Entwicklung meines vollen Potenzials und der Entdeckung meiner Berufung zu unterstützen. Ein Ratgeber ist jemand, den man mindestens zweimal im Jahr trifft, um dann einige Stunden miteinander zu verbringen.

Wenn du auf dein bisheriges Leben zurückschaust, wirst du höchstwahrscheinlich feststellen, dass es bereits solche Ratgeber gegeben hat, auch wenn du sie nicht immer als solche erkannt hast. Daher haben wir folgende Fragen für dich: *Wer war bisher in deinem Leben ein Ratgeber? Was hast du von dieser Person gelernt und wie kannst du ihm oder ihr heute deine Dankbarkeit zeigen?*

Der Förderer: Der Förderer ist ein Mentor, der die fünf Schritte aktiv an und mit mir ausübt, die wir bereits betrachtet haben. Er erkennt mein Potenzial und entwickelt ein Trainingsprogramm. Der Förderer ist oft auch ein Teil der Organisation, in der ich selbst arbeite. Er ist entweder mein direkter Vorgesetzter oder steht sogar noch ein oder zwei Hierarchiestufen höher. Der Förderer ist immer jemand, der sich von sich aus dazu entscheidet, mich fördern zu wollen. Sicherlich kann ich so jemanden auch bitten, mein Förderer zu sein.

Der Förderer ist eine Person, mit der man sich möglichst drei- bis sechsmal pro Jahr treffen sollte, um an der eigenen Weiterentwicklung zu arbeiten. Die nächste Grafik fordert dich heraus, potenzielle Förderer in deiner Umgebung zu entdecken und zu überlegen, wie du an sie herantreten kannst.

Der Trainer: Dies ist die zeitaufwendigste und intensivste Form des Mentoring. Der Trainer ist selbst Profi auf seinem Gebiet. Daher kann er diese Fähigkeiten auch bei anderen ausbilden. Er kann aber nicht nur die Bereiche trainieren, in denen er selbst gut ist, sondern er besitzt zudem die Fähigkeit, grundsätzlich ein Förderer von Professionalität zu sein.

Ein jüdisches Sprichwort besagt: „Was ist besser, als eine Sache 100-mal zu üben?“ Die Antwort lautet offensichtlich und selbstverständlich: „Eine Sache 101-mal zu üben.“

Übung macht nun mal den Meister, daran gibt es nichts zu rütteln. Der Schlüssel zu jeder Art von privatem oder beruflichem Erfolg ist immer eine gewisse Begabung, die mit Übung kombiniert wird. Dazu kommt idealerweise die Begleitung durch einen Trainer, der das Beste in uns zu Tage fördert.

Ratgeber

Welche Ratgeber haben mein Leben bis jetzt beeinflusst?	Was habe ich von ihnen gelernt?	Wie und wann kann ich ihnen für ihren Dienst danken?

Potenzielle Förderer

Potenzielle Förderer	Was will ich lernen?	Wie kann ich Kontakt aufbauen?

Du kannst dir sicher vorstellen, dass es nicht leicht ist, einen solchen Trainer zu finden. Daher rate ich dir, dass du möglichst bald anfängst, das Lernen zu lernen. Zunächst solltest du daher einen historischen Mentor und ein Vorbild finden und dich intensiv mit diesen Personen auseinander setzen. Dann suchst du dir einen Ratgeber. Ich habe die Erfahrung gemacht, dass im Lauf dieses Prozesses bei mir auch die Fähigkeit wuchs, von anderen zu lernen. Und automatisch wurden dadurch auch meine Signale der Lernbegierde immer stärker. Offensichtlich haben dann Menschen, die für mich zum Trainer wurden, diese unterschwelligen Signale aufgefangen und die haben dann bei ihnen etwas ausgelöst.

Dieser Gedanke führt uns gleich zu der nächsten Frage, nämlich, wie man so einen Mentor oder Ratgeber finden kann. Folgende sechs Schritte helfen dir hier weiter.

1. *Beschreib die Fähigkeiten, die du ausbauen willst.* Schreib auf ein DIN A4-Blatt genau auf, welche Fähigkeiten du in welcher Weise trainieren möchtest und was du selbst dazu beitragen willst.

2. *Formulier deine Erwartungen.* Halt ganz genau fest, was du lernen willst, wie du das lernen willst, wie häufig du einen Mentor um Rat bitten möchtest und was du an Input von ihm erwartest. Dies sollte möglichst nicht mehr als eine DIN A4-Seite umfassen. So bleibt es klar verständlich und ist sauber auf den Punkt gebracht.

3. *Halt die Augen offen und sende Signale!* Nun ist es weiterhin notwendig, dass du dich umschaust. Welche Mentoren gab es für dich in der Vergangenheit, welche gibt es heute? Welche Möglichkeiten gibt es, von wem könntest du auf welchem Gebiet etwas lernen? Lass diese Menschen wissen, dass du etwas von ihnen lernen willst. Ein echter Mentor fängt auch leise Signale auf!

4. *Beschreibe, was du für den Mentor tun willst!* Eine gute Lernbeziehung ist immer eine Verbindung, die auf Gegenseitigkeit beruht. Es gibt viele kleine und manchmal auch große Dinge, die du für die Person tun kannst, die ihre Zeit und Kraft in dein Leben investiert. Manchen Männern oder Frauen, die ein idealer Mentor für mich wären, kann ich vielleicht helfen, indem ich auf ihre Kinder aufpasse oder sie auf irgendeine andere Art und Weise unterstütze.

5. *Sprich die Person an und klär die Erwartungen!* Ein Mentor hat typischerweise wenig Zeit, denn es gibt ja leider nicht viele Menschen, die den tiefen Wunsch haben, andere zu fördern. Wenn du also möchtest, dass

du mit einem solchen Menschen sozusagen „ins Geschäft" kommst, dann ist es notwendig, ihm zu zeigen, dass du effektiv lernen willst und daher so wenig Zeit wie möglich, aber doch so viel wie nötig mit ihm verbringen willst. Daher lohnt es sich, die Erwartungen vorab zu klären, sie schriftlich festzulegen und die Person nicht mit riesigen Ansprüchen an ihre Zeit zu überfallen. Wichtig ist auch, die Absprache zeitlich zu begrenzen, vielleicht zunächst auf ein Jahr.

Wenn du nach alledem zu dem Schluss gekommen sein solltest, dass tatsächlich nirgendwo solche Personen für dich „greifbar" sind, dann bleibt dir auf jeden Fall die Möglichkeit, dich mit gleichaltrigen Freunden zusammenzuschließen. Klar, dass die dir nicht unbedingt meilenweit an Weisheit und Erfahrungen voraus sind. Aber trotzdem können sie dir auf dem Weg eine sehr große Hilfe sein, einfach schon indem deine Ideen und dein Vorgehen mal von jemand anderem auseinander genommen werden. Wir sollen keine Einzelkämpfer sein und gemeinsam schafft man tatsächlich mehr – ganz nebenbei: es macht in der Regel auch mehr Spaß.

Diese Idee des Einander-Helfens unter Gleichaltrigen nennt man „Co-Mentorship". Dafür gelten drei wichtige Regeln. Es sollte

1. Fit
2. Fun und
3. Fruitful sein.

„Fit" steht nicht nur für ein körperliches Hochgefühl, sondern ist auch das englische Wort für „passend". Es gibt ja die „Schleifsteintheorie", nach der man am meisten lernt und an seinem Charakter baut, wenn man sich auf möglichst herausfordernde, „schwierige" Menschen einlässt und lernt, mit ihnen klar zu kommen. Das ist sicher eine wertvolle Sache, aber die Idee des Co-Mentorship basiert auf dem „Fit"-Prinzip: Ihr sollt zueinander passen, auf einer Wellenlänge liegen, euch ergänzen und die Beziehung sollte nicht zu kompliziert sein, damit ihr euch ganz auf die gegenseitige Förderung konzentrieren könnt.

Fun: Mit Humor geht alles besser. Und diese Tatsache sollten wir nutzen für so wichtige Dinge wie die Berufswahl und den eventuellen Vorstellungs-Marathon!

Fruitful: Das bedeutet „fruchtbringend" – es soll etwas dabei herauskommen. Das tut es automatisch, wenn man zum Beispiel gemeinsam Vorstellungsgespräche übt, nach einem Gespräch den Frust ablassen kann und wieder neue Perspektiven bekommt. Übrigens: Echte Freunde sagen einem auch schon mal eine unangenehme, aber hilfreiche Wahrheit ...

5.3 Der Einstieg

Michaela Kast

Wenn du bis hierher durchgehalten hast, wirst du schon selbst gemerkt haben, dass es ein großes Glück ist, nicht einfach nur warten zu müssen, bis vielleicht rein zufällig ein Wunder geschieht. Nein, du selbst kannst und sollst dein Leben in die Hand nehmen und aktiv gestalten.

Ideen und Anregungen, wie das aussehen kann, hast du ja nun genug bekommen.

Also: fang an!

Der „*Künstler-in-dir*"-Prozess ist ein Lernprozess, den du alle drei Jahre neu druchgehen kannst, um mit einer immer klarer werdenden Perspektive dein Leben zu gestalten. Der Schlüssel zum Erfolg liegt in einigen wenigen Dingen, die ich hier noch einmal aufführe und die dir bekannt vorkommen werden:

Fang einfach an, möglichst noch diese Woche! Fang an und nutze hierzu die folgende, abschließende Checkliste.

Die 15-Punkte-Checkliste:

- ❍ Familiäres Erbe komplett untersucht
- ❍ „Wichtige Impulse"-Notizbuch angelegt
- ❍ Fähigkeitsworkshop geschafft
- ❍ DISG-Persönlichkeitsprofil gemacht
- ❍ Vision „Beruf" beschrieben und gemalt
- ❍ Vision „Familie" beschrieben und gemalt
- ❍ Vision „Freizeit" beschrieben und gemalt
- ❍ Spielplan für den Beruf, die Familie und die Freizeit ausgearbeitet
- ❍ Brain-Fitness-Plan erstellt
- ❍ Body-Fitness-Plan erstellt
- ❍ Wunschliste gemacht
- ❍ Historischen Mentor gefunden
- ❍ Vorbild-Mentor gefunden
- ❍ Ratgeber-Mentor gefunden

Wir haben unseren Prozess ja als Kreis dargestellt und so sind wir am Ende schon fast wieder am Anfang. Ich möchte hier noch einmal auf die wichtigsten Punkte der Einleitung zurückkommen:

1. *Der Schlüssel zu deiner Zukunft bist du selbst*

Denk daran: Dein Potenzial – also das, was in dir steckt und was du dir wünschst – das ist von Bedeutung und sollte dich dazu motivieren, auch bei Umwegen und Schwierigkeiten am Ball zu bleiben und immer wieder die Kurve zu kriegen.

2. *Es geht nicht um „entweder – oder"!*

Es gibt nicht immer nur einen Weg zum Ziel und es besteht fast immer die Möglichkeit, etwas Neues zu lernen und Wartezeiten sinnvoll zu überbrücken – und sei es nur, dass man ein wenig Kohle verdient, während man an neuen und weiteren Chancen arbeitet. Lass dich also nicht entmutigen, wenn es nicht auf Anhieb so läuft, wie du es dir vorgestellt hast.

3. *Bring deine Power auf den Weg!*
Du bist jung und diese Zeit ist dazu da, auch mal was auszuprobieren, etwas zu wagen und dadurch viele – hoffentlich gute – Erfahrungen zu machen. Trau dich was, nimm dich selbst mit deinen Vorstellungen vom Leben ernst, aber denk immer daran, dass du nicht auf einer einsamen Insel lebst und das Leben dir und auch den Menschen in deinem Umfeld Spaß machen sollte!

5.4 Ein letztes Wort

Glaub mir, es lohnt sich! Die Zeit, die du hier investierst, wird dir unendlich viel nützen. Du gestaltest dein Leben aktiv und verhinderst so, dass du einfach von äußeren Zwängen gelebt wirst. Mach deine kostbare Zeit zu einem Geschenk für dich und andere Menschen.

Und noch etwas: Wenn du dich auf dem Weg durch den „*Künstler-in-dir*"-Prozess mit dir selbst und deinen Möglichkeiten beschäftigst, wird dir dein Leben viel wertvoller erscheinen, als du es dir jetzt im Moment vorstellen kannst. Es macht Sinn zu leben – es macht Sinn, sein Leben aktiv zu gestalten! Viel Spaß dabei!

Persönliche Notizen:

Persönliche Notizen:

Persönliche Notizen:

Persönliche Notizen:

Power Check – BERUFSFINDUNG

Für einen besseren Start in die Zukunft

Wochenendseminar
für 15- bis 20-Jährige

Training. Motivation. Vision.
xpand

Keine Generation vorher war mit solchen drastischen Veränderungen auf dem Arbeitsmarkt konfrontiert wie die, der du heute angehörst. Oft sieht man nur die damit zusammenhängenden Probleme, aber es gibt Leute, die behauptem, dass es *nie zuvor so viele chancenreiche Ausbildungs- und Berufsmöglichkeiten* gegeben hat!

Das ist eindeutig positiv. Leider war es aber auch noch nie so schwierig, sich einen Überblick über diese fast unbegrenzten Möglichkeiten zu verschaffen.

- „Ich suche seit sechs Jahren eine Lehrstelle ..."
- „Ich werde Tischler. Danach kann ich immer noch Architektur oder Design studieren."
- „Wer gut ist, flexibel und sich anstrengt, bekommt auch eine Stelle!"

Das sind nur einige wenige Statements, die man zu diesem Thema hören kann.

Was denkst du? Welche Erfahrungen hast du gemacht?

Stell deine Fragen und komm mit auf eine *spannende Entdeckungsreise:* in das eigene Ich, zu deinen Stärken, Wünschen, Interessen. Denn: *Der Schlüssel zu deiner Zukunft bist du selbst!*

Dieses Seminar kann dein Leben auf die Spur bringen – *kann* – denn du erarbeitest selbst (natürlich mit unserer Unterstützung), was du kannst und welche Möglichkeiten du hast.

Vorher - Nachher

Und das haben ehemalige Seminarteilnehmer geschrieben:

- „Der nachträgliche Brief trifft sich insofern gut, als ich mich damit noch einmal für das interessante Wochenende bedanken kann – hat mir sehr gut gefallen. Super – macht weiter so!"
  Christoph Gröne, Burgwedel

- Ich war vor etwa einem Jahr beim *Power Check* in Dortmund . . . Ich habe auf jeden Fall sehr von dem Wochenende profitiert ... Für mich war die Zeit bei euch sehr wichtig."
  Esther Falkenhagen, Bielefeld

Interessiert? Dann füll den Coupon auf den folgenden Seiten aus und schick ihn an uns ab. Wir kümmern uns um das Weitere.